**MÉTHODE
DE FRANÇAIS**

FESTIVAL

Sylvie
POISSON-QUINTON

Michèle
MAHÉO-LE COADIC

Anne
VERGNE-SIRIEYS

CLE
INTERNATIONAL

Direction éditoriale : Michèle Grandmangin
Édition : Christine Ligonie
Conception graphique, couverture et mise en pages : Anne-Danielle Naname
Recherche iconographique : Nathalie Lasserre
Illustrations : Bodz, Paul Chan
Cartographie : Graffito

Festival 1 est une méthode qui s'adresse à des apprenants adultes ou grands adolescents, débutants en français. Elle couvre environ 80 heures de cours, chaque leçon ayant été conçue pour deux séances d'une heure et demie. Elle convient à des cours extensifs, semi-intensifs ou intensifs.

Un cahier d'exercices accompagne le livre de l'élève : il permet de retravailler les points linguistiques vus en classe ; il propose également des activités de type culturel.

LES OBJECTIFS

Ils suivent les principales recommandations du Cadre européen commun de référence :

• aller à l'essentiel. C'est-à-dire s'approprier très rapidement les structures de base et le lexique indispensable du français et donc pouvoir très vite se débrouiller dans les situations de la vie quotidienne.

• développer les quatre compétences. Une très grande importance est accordée à l'oral, bien sûr, mais l'écrit est présent dans chacune des leçons. *Festival* permet de se préparer efficacement aux nouvelles épreuves du Delf A1/A2.

• faire de l'apprenant un acteur à part entière dans la communication : savoir faire et « savoir être ». Nous avons insisté tout au long des leçons sur les compétences pragmatiques et socioculturelles : que dire, que faire, comment se comporter, comment réagir dans diverses circonstances de la vie quotidienne.

• favoriser son autonomie. Les explications grammaticales, reprises et approfondies dans le précis grammatical, le lexique en cinq langues et les exercices autocorrectifs du *Cahier d'exercices* permettent à l'apprenant de contrôler lui-même sa progression.

D'autre part, pour chaque leçon, nous proposons dans le *Guide pédagogique* de nombreux conseils et des exercices complémentaires visant à développer l'esprit de découverte et le sens de l'observation.

LA DÉMARCHE

• une progression lente : moins de trente mots nouveaux à chaque leçon, des éléments de grammaire soigneusement dosés.

• une reprise systématique des apports nouveaux dans les leçons ultérieures.

• des explications simples, avec peu de métalangage, beaucoup d'exemples et des exercices.

L'ORGANISATION DU MANUEL

24 leçons regroupées en 6 unités, chaque unité ayant un « macro-objectif » de communication :

Unité 1 : premiers contacts (demander et donner des informations sur soi et sur les autres)

Unité 2 : se situer dans l'espace (dire où on est, où on va ; demander son chemin, expliquer un itinéraire…)

Unité 3 : poser des questions (sur les personnes, les objets, les lieux, les prix…)

Unité 4 : proposer quelque chose, donner des conseils, faire des projets

Unité 5 : faire des comparaisons (entre des personnes, des lieux, des modes de vie…)

Unité 6 : raconter quelque chose (expliquer son parcours, évoquer un souvenir, relater un incident…)

MODE D'EMPLOI

Chaque leçon occupe quatre pages organisées en double page :

PAGE 1

Dialogue « déclencheur »

En bas, une rubrique Phonétique, rythme et intonation

A : le dialogue   C : le lexique   D : Écoutez, lisez, comprenez (compréhension orale et écrite)

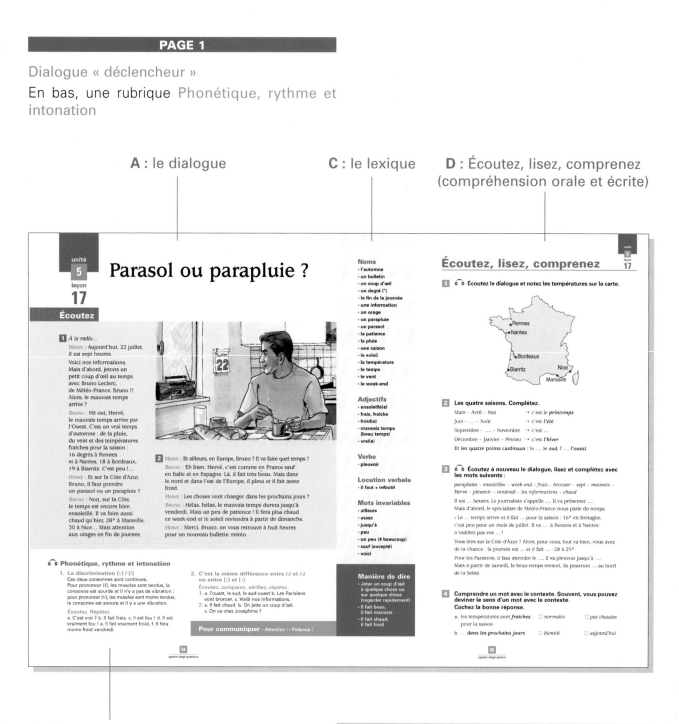

B : Phonétique, rythme et intonation

PAGE 2

Écoutez, lisez, comprenez. Cette page est consacrée à des activités de compréhension orale et écrite, en liaison avec le dialogue.

À gauche, le lexique, les mots Pour communiquer et les expressions idiomatiques (Manière de dire).

Grammaire et vocabulaire

Les points grammaticaux et lexicaux introduits dans le dialogue sont expliqués et travaillés à l'aide d'exercices. À droite, les explications, à gauche en vis-à-vis, les exercices correspondants.

E : Grammaire et vocabulaire

F : expression personnelle orale et écrite

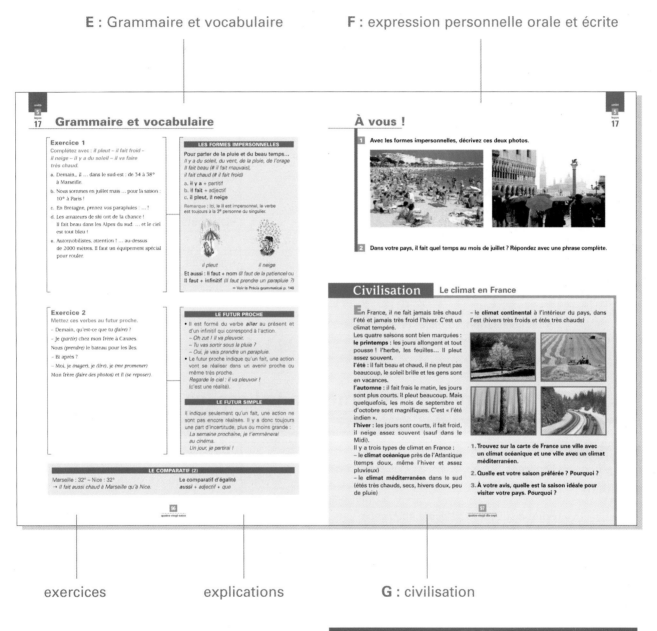

exercices   **explications**   **G : civilisation**

À vous... Travail de production orale et écrite. On invite l'apprenant à utiliser ce qu'il a appris pour réaliser une tâche : établir un programme touristique, rédiger un CV, choisir entre deux offres d'emploi...

Un point Civilisation apporte des éléments complémentaires en lien avec le thème de la leçon. Cette rubrique est accompagnée d'activités de compréhension et de production de type interculturel.

Unité 3 : Poser des questions

LEÇONS	SAVOIR-FAIRE	GRAMMAIRE	VOCABULAIRE	PRONONCIATION
LEÇON 9 Au marché	• Acheter quelque chose, demander le prix (1)	• *vouloir* • *c'est…* • l'article partitif (1) • pas de (1)	• le marché, fruits et légumes • prix et quantités • les nombres jusqu'à cent	• Les sons [ɛ̃] et [e] • les groupes de souffle (2)
Point civilisation : *Le petit déjeuner des Français*				
LEÇON 10 On déjeune ici ?	• Aller au restaurant, comprendre un menu, commander…	• le pronom *on* (nous) • l'article partitif (2) • *comme* + nom • la caractérisation	• la cuisine, les plats, les boissons • le restaurant • les goûts (2)	• les consonnes [p] et [b] • les groupes de souffle (3)
Point civilisation : *Les repas en France*				
LEÇON 11 On va chez ma copine ?	• Proposer quelque chose • Demander et donner des informations sur quelqu'un (3)	• les adjectifs possessifs (1) • *Qu'est-ce que c'est ? / Qui c'est ?* • les pronoms COD (1) • le *y* de lieu	• la famille (1) • adjectifs pour décrire (2)	• la surprise • l'enchaînement (2)
Point civilisation : *Téléphone fixe, téléphone portable, internet*				
LEÇON 12 Chez Susana	• Être invité chez quelqu'un, visiter un appartement	• les adjectifs possessifs (2) • les pronoms COD (2) • pas de (2) • l'impératif (2)	• la famille (2) • l'appartement	• la suppression du *e* muet entre deux consonnes (1) • l'enchaînement (3)
Point civilisation : *Être invité chez quelqu'un*				

BILAN-SYNTHÈSE DE L'UNITÉ 3

VERS LE DELF A1

Unité 4 : Demander et exprimer un avis

LEÇONS	SAVOIR-FAIRE	GRAMMAIRE	VOCABULAIRE	PRONONCIATION
LEÇON 13 Qu'est-ce qu'on leur offre ?	• Choisir un cadeau pour quelqu'un • Demander conseil	• le pronom COI • les adjectifs possessifs (3) • l'interro-négation	• les cadeaux • les fêtes • les goûts (3)	• la nasale [ɛ̃] • rythme de la phrase (2)
Point civilisation : *Les fêtes*				
LEÇON 14 On solde !	• Acheter un vêtement • Demander et donner des conseils • Indiquer sa taille, sa pointure	• le comparatif (1) • *moi aussi / moi non plus* • les adjectifs démonstratifs • l'impératif négatif	• les magasins • les vêtements • les soldes	• la suppression du *e* muet entre deux consonnes (2) • les liaisons • les chiffres
Point civilisation : *Les soldes*				
LEÇON 15 Découvrir Paris en bus avec l'Open Tour	• Conseiller quelque chose • Donner son avis	• les verbes pronominaux • l'impératif + pronom (1) • *où* et *quand* • l'adjectif *tout*	• l'itinéraire • le tourisme	• le son [y] • l'opposition [y] et [u]
Point civilisation : *Touristes : bienvenue à Paris*				
LEÇON 16 Si vous gagnez, vous ferez quoi ?	• Faire des projets • Exprimer un souhait, une intention	• le futur simple (1) • les superlatifs • l'expression de l'hypothèse et de la condition	• les jeux • la chance • les rêves	• le son [r]
Point civilisation : *La télévision*				

BILAN-SYNTHÈSE DE L'UNITÉ 4

VERS LE DELF A1/A2

Unité 5 : Faire des comparaisons

LEÇONS	SAVOIR-FAIRE	GRAMMAIRE	VOCABULAIRE	PRONONCIATION
LEÇON 17 Parasol ou parapluie ?	• Parler du temps qu'il fait • Comparer deux climats	• les verbes impersonnels • le futur proche et le futur simple • le comparatif (2)	• le temps, la météo	• les consonnes [f] – [v] ; [s] – [z] ; [ʃ] – [ʒ]
Point civilisation : *Le climat en France*				
LEÇON 18 Quand il est midi à Paris…	• Parler de l'heure qu'il est • Comparer deux emplois du temps	• le pronom *on* (les gens) *être en train de…* *venir de* + infinitif • la forme négative (2) : ne… plus • le comparatif (3)	• l'emploi du temps • les différences de modes de vie	• l'exaspération • la nasale [õ] • rythme de la phrase (3)
Point civilisation : *L'emploi du temps : métro, boulot, restau, dodo*				
LEÇON 19 Vous allez vivre à Paris ?	• Comparer deux lieux • Donner son avis sur un lieu	• la forme négative (3) : *ne… rien, ne… personne* • le conditionnel pour exprimer le souhait	• Paris / les régions • an / année • chaque / chacun • les gens / tout le monde	• les consonnes [r] – [l]
Point civilisation : *Paris/Province*				
LEÇON 20 L'avenir du français	• Comparer deux situations • Répondre en justifiant sa réponse	• l'expression de la cause (*parce que* + verbe) • l'expression du but (*pour* + infinitif)	• la France et la francophonie	• la suppression du e muet entre deux consonnes (3) • l'enchaînement (4)
Point civilisation : *La francophonie*				

BILAN-SYNTHÈSE DE L'UNITÉ 5
VERS LE DELF A1/A2

Unité 6 : Raconter quelque chose

LEÇONS	SAVOIR-FAIRE	GRAMMAIRE	VOCABULAIRE	PRONONCIATION
LEÇON 21 Souvenirs d'enfance	• Évoquer un souvenir • Raconter quelque chose	• l'imparfait • la place des adjectifs (1) • la forme restrictive : *ne… que*	• les jeux, l'enfance, • les vacances • les animaux familiers	• les consonnes [t] – [d] ; [k] – [g]
Point civilisation : *Les animaux de compagnie*				
LEÇON 22 J'ai fait mes études à Lyon 2	• Expliquer son curriculum vitae • Donner des informations sur son parcours, ses études.	• le passé composé • les auxiliaires *être* et *avoir* • accords sujet / participe avec l'auxiliaire *être* • la place de l'adverbe	• le travail, les études • le CV	• l'énumération • le son [j]
Point civilisation : *Premier emploi…*				
LEÇON 23 Retour des Antilles	• Raconter ses vacances • Exprimer un sentiment	• les relations imparfait / passé composé (1) • la place des adjectifs (2) • la forme négative (4) : *ne… jamais* • la négation et le passé composé (1)	• la famille (3) • les vacances • le temps	• les voyelles [y] et [ø]
Point civilisation : *Les Antilles*				
LEÇON 24 Au voleur ! Au voleur !	• Raconter un incident • Expliquer les circonstances d'un événement	• les relations imparfait / passé composé (2) • la négation et le passé composé (2)	• la police • une plainte • un vol	• les nasales : récapitulation
Point civilisation : *Les journaux en France*				

BILAN-SYNTHÈSE DE L'UNITÉ 6
VERS LE DELF A1/A2

Plan de Paris

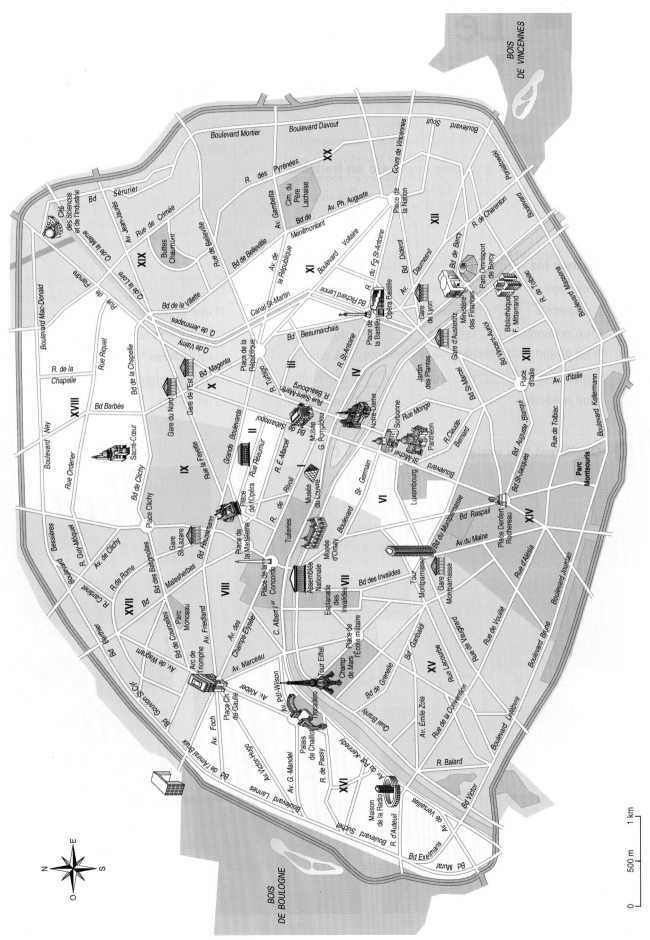

Les sons du français : 33 sons différents

Écoutez.

Dix voyelles	Trois voyelles nasales	Dix-sept consonnes	
[a] un sac – Anne	[ã] cent – Laurent	[p] papa – le rap	[v] un verre – Anvers
[e] un bébé – Eva	[ɛ̃] un pain – Alain	[t] toi – la beauté	[z] zéro – Zapata
[ɛ] le père – Estelle	[õ] onze – Marion	[k] un car – un sac	[ʒ] un jardin – Julie
[i] six – Lili		[b] un bus – une robe	[l] elle – Isabelle
[œ] l'heure – Fleur	**Trois semi-voyelles**	[d] dans – le sud	[r] la terre – Hervé
[ø] deux – Eugénie	[j] une fille – Mireille	[g] la gare – Guy	[m] une femme – Emma
[y] la rue – Luc	[ɥ] huit – la nuit	[f] le feu – la fille	[n] non – Hélène
[o] le métro – Marco	[w] moi – Louise	[s] un poisson – Sissi	[ɲ] un signe – Charlemagne
[ɔ] un bol – Laure		[ʃ] chez Chantal	
[u] sous – Fairouz			

L'alphabet : 26 lettres

Écoutez. Répétez.

A B C D	C'est Amédée	M N O	C'est Marco
E F	C'est Joseph	P Q R	C'est Esther
G H I	C'est Lili	S T U V	C'est Hervé
J K L	C'est Estelle	W X	C'est Alix

Et Y Z ? Qui est-ce ? C'est Y. Z. ! Le célèbre acteur Yves Zonzon

Les nombres

Écoutez.

0 : zéro – 1 : un – 2 : deux – 3 : trois – 4 : quatre – 5 : cinq – 6 : six – 7 : sept –
8 : huit – 9 : neuf – 10 : dix – 11 : onze – 12 : douze – 13 : treize – 14 : quatorze –
15 : quinze – 16 : seize – 17 : dix-sept – 18 : dix-huit – 19 : dix-neuf – 20 : vingt

Les consignes

Écoutez.

Écoutez

Répétez

Lisez

Écrivez

Cochez

Entourez

Observez

Répondez

Complétez

Reliez

Premiers contacts

Je m'appelle Élise. Et vous ?

Écoutez

1 PATRICE : Tiens, Alice. Bonjour !

ALICE : Bonjour, Patrice. Ça va ?

PATRICE : Oui, très bien, merci. Et vous ?

ALICE : Ça va, merci.

2 ÉLISE : Bonjour, madame.

LA SECRÉTAIRE : Oui…

ÉLISE : Je m'appelle Élise Leclerc.

LA SECRÉTAIRE : Ah oui, mademoiselle Leclerc. (…) Allô ! Monsieur Berger ? C'est mademoiselle Leclerc, pour vous.

3 TOM : Bonjour. Vous êtes française ?

ANNA : Non, je suis canadienne. Et vous ? Vous êtes français ? belge ?

TOM : Non. Je suis canadien aussi. J'habite à Montréal. Je suis professeur de musique.

ANNA : Ah bon ! Vous habitez à Montréal ! Moi aussi ! Je suis étudiante.

🎧 Phonétique, rythme et intonation

Intonation Écoutez. Répétez.

1. — Ça va ?
   — Ça va.

2. — Ça va bien ?
   — Oui, très bien !

3. — Bonjour, madame.
   — Bonjour, monsieur.

4. — Je suis français.
   — Moi aussi !

Pour communiquer • Tiens ! • Ça va ? • Bonjour • Merci • Bonjour, madame. • Bonjour, monsieur. • Allô !

Noms/pronoms

- un étudiant
- je
- moi
- m'
- un professeur
- vous

Adjectifs

- belge
- canadien, canadienne
- français, française

Verbes

- s'appeler
- être
- habiter

Locution verbale

- c'est + nom ou pronom

Mots invariables

- à
- aussi
- bien
- et
- non
- oui
- pour
- très

- Ah ! oui ! - Ah ! bon !

Écoutez, lisez, comprenez

1 🎧 **Écoutez et entourez ce que vous entendez.**

étudiant – étudiante

canadien – canadienne

français – française

2 🎧 **Écoutez et cochez ce que vous entendez.**

1. Nom   ☐ **a.** Noir   ☐ **b.** Lunel   ☐ **c.** Marin
   Prénom   ☐ **a.** Bruno   ☐ **b.** Charles   ☐ **c.** Pierre
   Nationalité   ☐ **a.** canadien   ☐ **b.** français   ☐ **c.** belge
   Profession   ☐ **a.** acteur   ☐ **b.** professeur   ☐ **c.** étudiant
   Ville   ☐ **a.** Bruxelles   ☐ **b.** New York   ☐ **c.** Paris

2. Nom   ☐ **a.** Gros   ☐ **b.** Lebreton   ☐ **c.** Zong
   Prénom   ☐ **a.** Sophie   ☐ **b.** Anna   ☐ **c.** Sonia
   Nationalité   ☐ **a.** canadienne   ☐ **b.** française   ☐ **c.** belge
   Profession   ☐ **a.** étudiante   ☐ **b.** actrice   ☐ **c.** professeur
   Ville   ☐ **a.** Paris   ☐ **b.** Tokyo   ☐ **c.** Rome

3 🎧 **Écoutez. Entourez la bonne carte de visite.**

PAUL LARCHER

Professeur de sciences

12, avenue Auguste Comte
75006 Paris

Paul Vacher
Architecte

12, rue du Comte de Foy
33 000 Toulouse

Jean-Paul
Berger

Directeur commercial

3, place de Toulouse
06 000 NICE

4 🎧 **Écoutez et complétez.**

Nom : TARDINI
Prénom : Thomas
Nationalité :
Adresse : 4, avenue Roosevelt

Profession :

Nom : FERRAN
Prénom :
Nationalité :
Adresse :
12, rue du 4 septembre
Profession :

Grammaire et vocabulaire

Exercice 1 Mettez dans l'ordre.

a. habitez ▪ à ▪ vous ▪ Paris ▪ ?

b. belge ▪ suis ▪ je ▪

c. m'appelle ▪ Patrice Latour ▪ je

L'ORDRE DES MOTS DANS LA PHRASE FRANÇAISE

sujet + verbe + ...

Je suis canadien, j'habite à Montréal.

Exercice 2 🎧 Écoutez. Répétez.

— Je m'appelle Mary. Et vous ?

— Moi, je suis Patrice Latour.

Exercice 3

Complétez avec *je, j'* ou *vous.*

— ... habite à Rio.

— ... suis canadienne.

— ... êtes française ?

— ... habitez à Montréal ?

CONJUGAISON DU PRÉSENT

être

Je suis français. Vous êtes canadien ?

s'appeler

Je m'appelle Anna.

habiter

J'habite à Montréal. Vous habitez à Paris ?

(Attention : **je** → **j'** devant a, e, i, o, u, y et h muet)

PRONOMS SUJETS/PRONOMS TONIQUES (1)

je/vous   *Je suis français.* **Vous** *êtes canadienne ?*

moi/vous   *Et* **vous**, *vous êtes français ? Non,* **moi**, *je suis canadien.* (pour insister)

Le pronom tonique seul ne peut pas être sujet du verbe : moi m'appelle → Moi, je m'appelle.

Exercice 4

🎧 Écoutez. Répétez.

— Vous êtes française ?

— Non, je suis canadienne.

— Vous êtes canadien ?

— Non, je suis français.

MASCULIN ET FÉMININ DES ADJECTIFS (1)

Règle générale : **féminin = masculin + e**

     français → *française*

     étudiant → *étudiante*

mais   *canadien, canadienne*

et   *belge* → *belge*

🎧 SE PRÉSENTER

C'EST ...

C'est + nom propre → *C'est Élise.*

C'est + nom commun → *C'est une jeune fille.*

C'est + pronom tonique → *C'est moi !*

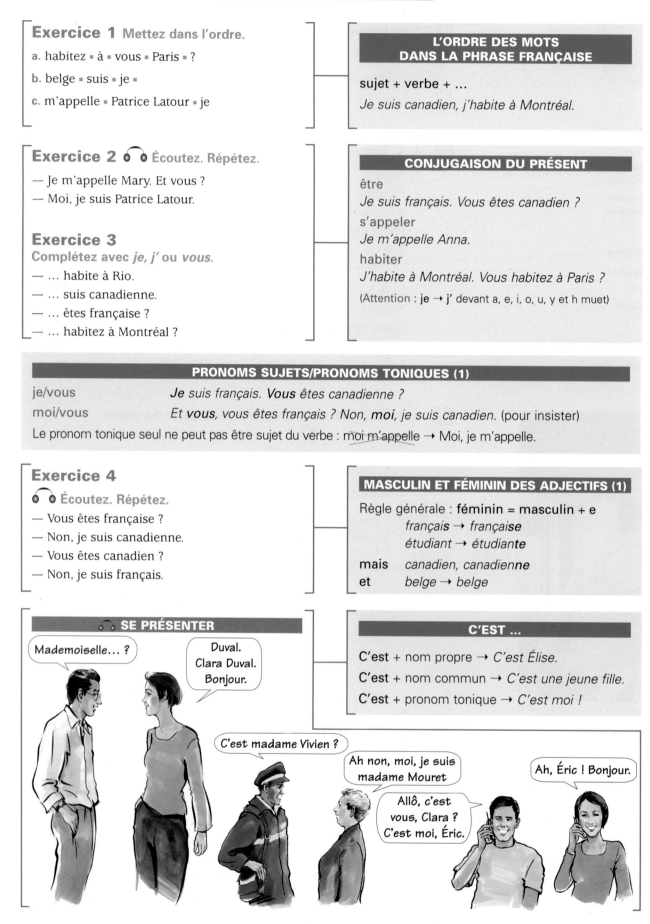

Mademoiselle... ?

Duval. Clara Duval. Bonjour.

C'est madame Vivien ?

Ah non, moi, je suis madame Mouret

Allô, c'est vous, Clara ? C'est moi, Éric.

Ah, Éric ! Bonjour.

À vous !

Présentez-vous comme dans l'exemple.

Bonjour, je m'appelle Élise Leclerc.

Je suis française.

J'habite à Paris.

Je suis étudiante.

Et vous ?

Je m'appelle …

Je suis …

J'habite à …

Je suis …

Civilisation   Les noms les plus fréquents en France

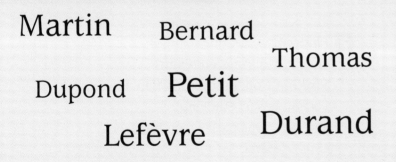

Martin   Bernard

Thomas

Dupond   Petit

Durand

Lefèvre

1 Et ailleurs ? Continuez la liste.

En Italie : Rossi, Martini …
En Espagne : Martinez, Gonzalez ….
En Grande-Bretagne : Smith, Jones, Brown …

2 Et dans votre pays ?

Les noms de famille les plus courants sont : … , … , …

3 Et dans votre pays ?
Les prénoms à la mode ?

Garçons : … , Filles : … ,

Les prénoms des bébés dans les années 2000 en France			
Filles		Garçons	
Eva	Lisa	Victor	Tom
Anna	Emma	Théo	Hugo
Léa	Ella	Léo	Arthur

Vous dansez ?
D'accord.

1 VINCENT : Bonsoir.

LOUISE : Bonsoir.

VINCENT : Vous dansez ?

LOUISE : Oui, d'accord.

VINCENT : Vous êtes anglaise ?

LOUISE : Non, je suis australienne. Et vous ?

VINCENT : Moi, je suis suisse.

LOUISE : Vous habitez à Paris ?

VINCENT : Non. J'habite à Genève. Et vous ?

LOUISE : Moi j'habite à Paris. Vous vous appelez comment ?

VINCENT : Vincent. Et vous ?

LOUISE : Moi, Louise.

2 *Plus tard…*

LOUISE : Vous êtes étudiant ?

VINCENT : Non, je suis musicien. Et vous ?

LOUISE : Je suis étudiante.

VINCENT : Vous parlez bien français.

LOUISE : Merci. Aïe !

KATE : Oh ! Pardon. Je suis désolée. Louise !!??

LOUISE : Kate ! Peter ! Vous êtes à Paris !

KATE : Mais oui !

🎧 Phonétique, rythme et intonation

Rythme Écoutez puis répétez.
Vous dansez ? Oui, d'accord.
     (3 – 3)
Vous dansez ? Non merci.
     (3 – 3)
Moi, c'est Louise. Moi, c'est Vincent.
     (1 – 2)   (1 – 3)

Intonation Écoutez et répétez.
Vous êtes français ? Vous êtes étudiante ?

Écoutez, lisez, comprenez

Nom/pronom
- un musicien

Adjectifs
- anglais(e)
- australien(ne)
- désolé(e)
- suisse

Verbes
- danser
- parler

Mot invariable
- comment ?

Pour communiquer
- D'accord.
- Bonsoir.
- Oh ! Pardon !
  (pour s'excuser)
- Aïe !
- Désolé(e).
- Mais oui !

1 **Reliez la question à la bonne réponse.**

1. Vous êtes musicienne ?   a. Oui, d'accord.

2. Vous dansez ?   b. Je m'appelle Louise.

3. Vous habitez à Genève ?   c. Non, je suis étudiante.

4. Vous vous appelez comment ?   d. Non, je suis australienne.

5. Vous êtes anglaise ?   e. Non, j'habite à Paris.

2 **Cochez la bonne réponse.**

Vincent dit :

1. Je suis   ☐ a. anglais

   ☐ b. australien

   ☐ c. suisse

2. J'habite à   ☐ a. Paris

   ☐ b. Genève

3. Je suis   ☐ a. musicien

   ☐ b. étudiant

3 **Qui dit ?**

1. Je suis désolée   ☐ a. Louise

   ☐ b. Kate

   ☐ c. Vincent

   ☐ d. Peter

2. Vous dansez ?   ☐ a. Louise

   ☐ b. Kate

   ☐ c. Vincent

   ☐ d. Peter

3. Merci   ☐ a. Louise

   ☐ b. Kate

   ☐ c. Vincent

   ☐ d. Peter

4 **Trouvez une question comme dans l'exemple.**

– Vous êtes américain ?   *– Non, je suis australien.*

a. – ... ?   – Peter Wilson.

b. – ... ?   – Non, à Sidney.

c. – ... ?   – Oui, et aussi français et allemand.

d. – ... ?   – Non, je suis architecte.

Grammaire et vocabulaire

Exercice 1

Complétez par *je* ou *vous*.

a. – ... parlez anglais ?

b. – Non, ... parle français.

Exercice 2

Écrivez *e* ou *ez*.

a. – Vous dans ... ?

b. – Oui, je dans ...

Exercice 3

Répondez à la question.

Vous vous appelez comment ? ...

Exercice 4

Complétez par le pronom ou le verbe *danser*.

Mademoiselle, ... dansez ?

Kate et Louise, vous ...

Exercice 5

Choisissez la bonne forme.

a. Vincent, vous êtes musicien/musicienne ?

b. Vincent, vous êtes australien/australienne ?

c. Kate, vous êtes étudiant/étudiante ?

Exercice 6

Complétez.

a. – Maria, vous habitez à Santiago du Chili, vous êtes chil... ?

b. – Non, je suis brésil....

c. – Et vous Paul ?

– Moi, j'habite à Bruxelles, je suis ....

d. Vincent habite à Genève, il est suisse. Nina habite à Zurich, elle est ... aussi.

CONJUGAISON

Danser *je danse/vous dansez*

Parler *je parle/vous parlez*

S'appeler : *Je m'appelle/Vous vous appelez*

C'est un verbe pronominal.

Le verbe pronominal **est toujours précédé d'un pronom correspondant au sujet du verbe.**

➡ Voir le Précis grammatical p.140

VOUS (1)

Vous = une personne
Louise, vous habitez à Paris ?

Vous = plusieurs personnes
Kate et Peter, vous êtes à Paris ?

Mais le verbe est toujours au pluriel.

MASCULIN ET FÉMININ DES ADJECTIFS (2)

étudiant → *étudiante*
anglais → *anglaise*

Mais cas particulier
australien → *australienne*
musicien → *musicienne*

Attention ! Si l'adjectif se termine par un -e → pas de changement
suisse → *suisse*

À vous !

1 🎧 **Écoutez et complétez.**

A

Hector MORIN

Date de naissance : 12 juin 1983

à Nantes (44 000)

Nationalité : …

Étudiant en …

Domicile : 14, avenue du …

à Bordeaux (33 000)

B

Elsa MARTIN

Nationalité : …

Profession : …

Domicile : 20, rue de …

Paris 12ᵉ

2 **Lisez ces deux annonces et corrigez les textes correspondants.**

annonce a	texte a
Étudiant en sciences politiques à Lyon cherche un travail dans le marketing. Je parle 3 langues et je connais bien l'informatique. Contactez : dlatour@yahoo.fr	Bonjour. Je m'appelle Dominique Latour. J'habite à Paris, 14, rue du Parc. Je suis étudiant en économie. Je parle français, anglais, allemand. Je cherche un travail en informatique.
annonce b	**texte b**
Étudiante à Paris VIII, espagnole, je cherche un travail de baby-sitter à Paris. Je parle français et aussi anglais. Téléphone : 06 64 55 78 91	Je m'appelle Victoria Mendez, je suis française. Je suis étudiante à l'université de Paris X. Je parle anglais et français. Je cherche un travail dans l'import-export.

Civilisation   PARIS : 20 arrondissements

J'habite dans le sixième (6ᵉ).

1 Continuez jusqu'à 10.

1 → premier (1ᵉʳ)   4 → …
2 → deuxième (2ᵉ)   5 → …
3 → troisième (3ᵉ)

2 Placez le monument dans l'arrondissement indiqué.

La tour Eiffel est dans le 7ᵉ arrondissement. Montmartre est dans le 18ᵉ. Le Louvre est dans le 1ᵉʳ. L'Arc de triomphe est dans le 8ᵉ.

3 PARIS : 8 universités intra-muros et 5 universités en dehors de la ville (en banlieue). Lesquelles ? Les universités ont un numéro et un nom.

4 Si vous suivez l'ordre des arrondissements, du 1ᵉʳ au 20ᵉ, à quel animal pensez-vous ?

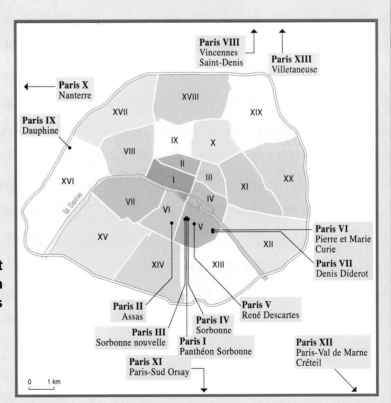

Monica, Yukiko et compagnie

– Bonjour, Monica. Vous êtes petite et brune, vous êtes italienne et vous êtes étudiante à Montpellier. Vous habitez seule ?

– Oh non ! Il y a cinq personnes ici. Yukiko est japonaise ; Christopher est anglais ; Abdel est marocain. Paola est finlandaise. Et moi, je suis italienne.

– Vous êtes très différents ?

– Oui. Christopher est grand et blond, il aime beaucoup le sport. Abdel est brun, il adore la danse moderne. Yuki aussi. Elle aime aussi l'opéra, le théâtre… et le cinéma. Paola est grande, elle est blonde et elle adore la cuisine.

– La cuisine française ?

– La cuisine française, la cuisine italienne, la cuisine espagnole…

■ **Qui est Paola ?**   ■ **Qui est Monica ?**

■ **Qui est Christopher ?**   ■ **Qui est Yukiko ?**

■ **Qui est Abdel ?**

Phonétique, rythme et intonation

L'intonation interrogative. Écoutez. Répétez.

a. Vous habitez seul(e) ?   **c.** C'est vous, Franck ?

b. Vous êtes italienne ?   **d.** Vous vous appelez comment ?

Rythme et intonation. Écoutez. Répétez.

La cuisine ?

La cuisine française ?

Elle aime la cuisine française ?

Pour communiquer · Oh non !

Noms/pronoms

- le cinéma
- la cuisine
- la danse
- elle
- il
- l'opéra
- une personne
- le sport
- le théâtre

Adjectifs

- blond(e)
- brun(e)
- différent(e)
- espagnol(e)
- finlandais(e)
- grand(e)
- italien, italienne
- japonais(e)
- marocain(e)
- moderne
- petit(e)
- seul(e)

Verbes

- adorer • aimer

Locution verbale

- il y a + nom

Mots invariables

- beaucoup • ici

Écoutez, lisez, comprenez

1 🎧 **Écoutez et cochez la bonne image.**

☐ **a.** … ☐ **b.** … ☐ **c.** …

2 🎧 **Écoutez. Qui parle ? Cochez la bonne réponse.**

1. ☐ **a.** Yukiko
   ☐ **b.** Paola
   ☐ **c.** Monica

2. ☐ **a.** Yukiko
   ☐ **b.** Paola
   ☐ **c.** Monica

3 **Complétez par** *je* **(ou** *j'***),** *il, elle, vous.*

a. Monica ? … est italienne.

b. … étudiez la musique ?

c. … est français ?

d. … aimez l'opéra, Yukiko ?

e. … suis américaine.

f. … êtes japonaise ?

g. … est anglais.

h. … habitez à Rome ?

i. … est canadienne.

4 **Reliez.**

a. J'	•	• aimez	•	• canadien
b. Il	•	• est	•	• à Hong-Kong
c. Elle	•	• habite	•	• le théâtre moderne ?
d. Vous	•	• est	•	• française

Grammaire et vocabulaire

CONJUGAISON

→ être   *je suis – il/elle est – vous êtes*

Moi, j'aime la pizza napolitaine. → aimer *j'aime – il/elle aime – vous aimez*

Il y a Yuki, elle est japonaise. → Il y a + un nom singulier
Il y a cinq personnes : Abdel, Chris, Yuki, Paola et moi. → Il y a + un nom pluriel

---

Exercice 1

L'article *l'* va avec quels noms ?
Soulignez-les.

a. ... exposition   d. ... organisation

b. ... jeune fille   e. ... théâtre

c. ... université   f. ... étudiant

L'ARTICLE DÉFINI

a. Le nom est **masculin** → article *le* (ou *l'* si le nom commence par une voyelle ou un **h** muet) : *le théâtre, le cinéma, l'opéra, l'hôtel*

b. Le nom est **féminin** → article *la* (ou *l'* si le nom commence par une voyelle ou un **h** muet) : *la cuisine, la danse, l'école, l'histoire*

Problème : l'article *l'* n'indique pas le genre du nom.
Par exemple : *l'invitation ?* Le nom est masculin ou féminin ? Il faut regarder dans votre lexique ou dans un dictionnaire.

➡ Voir le Précis grammatical p. 136

Exercice 2

Cherchez dans votre lexique le genre des mots et entourez la bonne réponse.

a. le / la maison   b. le / la pays

c. le / la voiture   d. le / la nuit

e. le / la cuisine   f. le / la classe

MASCULIN ET FÉMININ DES NOMS

- Devant le nom, il y a toujours un article. C'est l'article qui indique le genre du nom.

- Les noms sont tous masculins ou féminins. Il n'y a pas de règle pour connaître le genre d'un nom : **le** théâtre / **la** danse ; **le** restaurant / **la** cuisine ; **le** cinéma / **la** photographie.

Un conseil : il faut toujours apprendre le nom avec son article.

Exercice 3

Mettez au féminin

a. Il est brun et grand.

....

b. Il est petit et blond.

....

c. Il est étudiant, jeune et grand.

....

ACCORDS NOMS / ADJECTIFS

a. L'adjectif s'accorde avec le nom.

  Abdel est brun, Monica est brune.
  Christopher est blond, Paola est blonde.

Rappel : en général, pour le féminin on ajoute un *-e* mais si l'adjectif se termine par un *-e*, pas de changement :
Jacques est belge, Élisa est belge aussi.

b. Singulier et pluriel
nom ou adjectif pluriel → + s final
Il y a une personne – Il y a cinq personne<u>s</u>.
Vous êtes différent<u>s</u> ?
Monica, Yukiko et Paola, vous êtes étudiante<u>s</u> ?

À vous !

1 **Cherchez les mots inconnus dans le dictionnaire et complétez.**

La nationalité	Le pays
allemand(e)	L'…
…	L'Angleterre
français(e)	La France
marocain(e)	Le …
…	Le Japon
chinois(e)	La …
italien(ne)	L'…
égyptien(ne)	L'…
…	La Finlande
russe	La …

2 **Regardez cette photo et décrivez…**

Elle s'appelle Nina. Elle est russe.

3 **Décrivez et dessinez un Français ou une Française « typique ».**

Civilisation   La symbolique des couleurs en France

1 Cherchez les mots dans le dictionnaire.

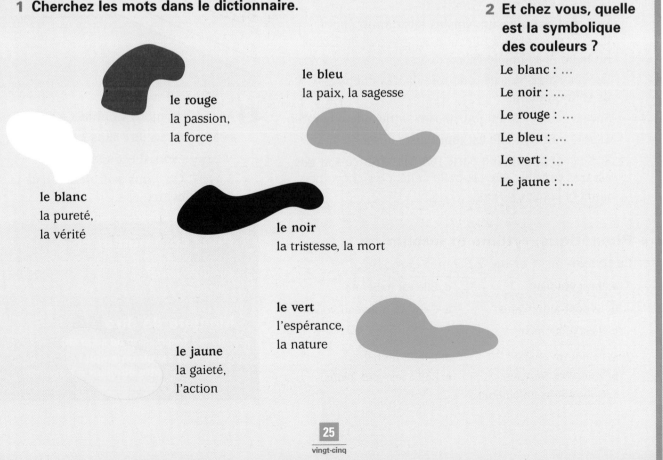

le rouge
la passion,
la force

le bleu
la paix, la sagesse

le blanc
la pureté,
la vérité

le noir
la tristesse, la mort

le vert
l'espérance,
la nature

le jaune
la gaieté,
l'action

2 Et chez vous, quelle est la symbolique des couleurs ?

Le blanc : …

Le noir : …

Le rouge : …

Le bleu : …

Le vert : …

Le jaune : …

Les voisins de Sophie

1 SOPHIE : Tiens ! Les voisins ont un chat !

LE PÈRE : Pardon ?

SOPHIE : Les nouveaux voisins ! Ils ont un chat !
Ils sont très gentils. Elle, elle est grecque et ils ont
un bébé. Il s'appelle Nikos.

LE PÈRE : Mais tu sais tout, toi ! Ils travaillent ?
Ils sont étudiants ?

SOPHIE : Lui, c'est un journaliste. Il travaille à la radio.

LE PÈRE : Et elle, elle est journaliste aussi ?

SOPHIE : Oui, oui. Elle parle très bien français et elle
est très gentille. Elle est belle : elle a les cheveux
noirs et les yeux bleus.

2 MÉLINA : Bonjour, Sophie. Ça va ?

SOPHIE : Ça va. Et Nikos ? Il est là ?

MÉLINA : Non, il est à la crèche.

SOPHIE : Oh, vous avez deux chats !
Ils sont beaux !

🎧 Phonétique, rythme et intonation

La liaison en -t et en -z Écoutez et répétez.

1. **a.** Il est étudiant

   b. Ils sont américains

   c. Il est à la crèche.

   d. Elle est italienne.

   e. C'est un nouveau voisin.

2. **a.** Ils ont un chat ?

   b. Vous êtes français.

   c. Nous allons au cinéma.

   d. Ils ont un bébé.

   e. Elle a les yeux bleus.

Pour communiquer

• Oh ! • Pardon ? (pour faire répéter
quelque chose)

Manière de dire

• Tiens ! (expression de surprise)
• Travailler : avoir un emploi
(attention ! être étudiant ≠ travailler)

Noms/pronoms

- un bébé
- un chat, une chatte
- des cheveux
- la crèche
- ils
- un journaliste
- lui
- la radio
- toi
- tout
- tu
- un(e) voisin(e)
- des yeux

Adjectifs

- beau, belle
- bleu(e)
- gentil, gentille
- grec, grecque
- noir(e)
- nouveau, nouvelle

Verbes

- avoir
- c'est + nom
- savoir
- travailler

Mot invariable

- là

Écoutez, lisez, comprenez

1 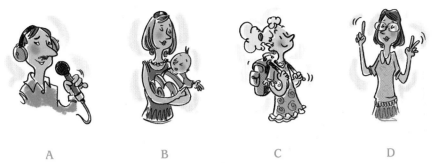 Écoutez. À quelle image correspond ce que vous entendez ?

A   B   C   D

2 Écoutez. Trois possibilités : singulier (SG) ? – pluriel (PL) ? – le SG et le PL ont la même prononciation (=) ?

dans trois phrases, on ne peut pas savoir si c'est un singulier ou un pluriel, c'est la même prononciation.

a. … b. … c. … d. … e. … f. … g. … h. … i. … j. …

3 Écoutez et cochez les phrases interrogatives.

a.☐ b.☐ c.☐ d.☐ e.☐ f.☐ g.☐ h.☐

4 Complétez avec : être – avoir – habiter – parler – travailler – s'appeler.

a. Elle … grecque, elle … Mélina, elle … un bébé, Nikos. Nikos … à la crèche.

b. Mélina … grec, français et anglais.

c. Les parents de Mélina … en Grèce. Elle, elle … à Paris.

d. Il … journaliste. Il … à la radio.

5 Lisez et répondez aux questions par oui ou non.

Mélina et Julien habitent dans le même immeuble que Sophie. Ils sont là depuis trois semaines. Elle, elle est grecque, elle est très jolie et elle a vingt-six ans. Elle est journaliste. Lui, il est français ; il travaille à la Maison de la Radio, il est journaliste sportif. Il adore le football et le tennis. Il a trente ans. Ils ont un petit garçon d'un an, Nicolas, Nikos. Mélina parle grec avec lui ; Julien, non. Avec Mélina et avec Nikos, il parle français. Avec les parents de Mélina, il parle avec les mains.

a. Mélina et Julien sont étudiants.	oui	non
b. Ils habitent à la Maison de la Radio.	oui	non
c. Nikos comprend le grec et le français.	oui	non
d. Julien est footballeur professionnel.	oui	non
e. Mélina étudie la philosophie.	oui	non
f. Les parents de Mélina parlent français.	oui	non

Grammaire et vocabulaire

CONJUGAISON

Avoir

j'ai – tu as – il/elle a

vous avez – ils/elles ont

Savoir

je sais – tu sais – il/elle sait

vous savez – Ils/elles savent

Travailler

je travaille – tu travailles – il/elle travaille

vous travaillez – ils/elles travaillent

PLURIEL DES VERBES

Ils s'appellent Léo et Léa, ils ont six ans.

À l'oral

- il travaille/ils travaillent [il travaj] : même prononciation
- il écoute [il ekut]/ils écoutent [il <u>z</u>ekut] pluriel : liaison en -z
- il vient [il vjɛ̃]/ils viennent [il vjɛn] pluriel : + consonne finale
- il sait [il sɛ]/ils savent [il sa<u>v</u>] pluriel : + consonne finale

À l'écrit

En général, la 3ᵉ personne du pluriel se termine en **-ent** et ne se prononce pas.

Exceptions : ils ont (avoir) – ils sont (être) – ils font (faire) – ils vont (aller)

TU ? VOUS ? (2)

- Tu = une personne (enfant, ami(e), famille…)
  Tu sais tout, toi !
- Vous singulier = une personne (« vous » de politesse)
  Vous vous appelez comment, monsieur ?

LES PRONOMS TONIQUES (2)

Ils servent souvent à marquer l'insistance.

– **Moi**, je suis italien. Et **toi**, tu es français ?
– Et **lui** ? – **Lui**, il est espagnol.
– Et **elle** ? – **Elle**, elle est japonaise.

Exercice 1 Trouvez le féminin de…

a. un élève…

b. un Indien…

c. un architecte…

d. un directeur…

e. un danseur…

f. un étudiant…

g. un Chilien…

h. un historien…

MASCULIN ET FÉMININ DES NOMS (2)

a. nom terminé par **-e** → masculin = féminin
un journaliste, une journaliste

b. -ien, -ienne : *un musicien, une music**ienne***

c. -eur, -euse : *un chanteur, une chant**euse***

d. -teur, -trice : *un acteur, une ac**trice***

➡ Voir le Précis grammatical p. 136

Exercice 2 Mettez au féminin…

a. un garçon sympathique et sérieux. **b.** il est américain et il est brun. **c.** il est belge ou français ? **d.** il est jeune et gentil.

MASCULIN ET FÉMININ DES ADJECTIFS (3)

Cas particuliers : a. *grec* → *grecque*
b. *gentil* → *gentille*
c. *beau* → *belle*

➡ Voir le Précis grammatical p. 138

Exercice 3 Reliez.

a. Elle est très •

b. Elles sont •

c. Ils sont •

d. Il est •

• gentilles

• grec ou français ?

• belle

• très beaux

PLURIEL DES NOMS ET DES ADJECTIFS

En général, pluriel = singulier + s
Elle est grande et belle → *Elles sont grande**s** et belle**s***
Mais il y a beaucoup d'exceptions.

➡ Voir le Précis grammatical p. 136 et 138

Attention à la différence de structure. *Il est journaliste. / C'est un journaliste.*

À vous !

1 🎧 **Écoutez les questions et répondez oralement.**

2 **Sophie parle à Julien et à Mélina. Imaginez la conversation.**

Civilisation   S'installer en France

En France, il y a beaucoup de mariages mixtes
(30 000 en 2002). Partout, vous rencontrez des couples
comme sur la photo. C'est une chose très habituelle.
En général, les Français considèrent
ces mariages avec sympathie.

1. Et chez vous, il y a beaucoup de mariages mixtes ?

BIENVENUE EN FRANCE

Les Européens en France

Maintenant, les jeunes
Européens s'installent souvent
dans un autre pays, pour étudier,
pour travailler, pour vivre un an,
deux ans, dix ans, toute la vie.
En France, il y a 1, 5 million de
résidents étrangers européens.

Et les autres ?

Il y a environ 4 millions d'étrangers « non européens » en
France. Ils viennent d'Afrique du
Nord, d'Afrique et d'Asie (surtout
de Chine). Ils viennent en général
avec leur famille, souvent avec
l'idée de rester en France.

2. Dans votre pays, il y a combien d'étrangers ?
   Ils vivent seuls ou en famille ?

Maintenant, vous savez...

A **utiliser les pronoms sujets** : *je – tu – il, elle – vous – ils, elles*

Exercice 1 Complétez avec le pronom sujet qui convient.

a. Maria a vingt ans ... est espagnole et ... habite à Séville.

b. ... est étudiante en économie. Moi, ... étudie la sociologie.

c. – ... êtes étudiant ? – Oui, ... viens pour l'inscription.

d. – ... avez 18 ans ? – Non, ... ai vingt et un ans.

e. – ... sont étudiants ? – Non, ... sont professeurs.

f. ...est allemand et ... est française.

g. ... sont françaises ou allemandes ?

B **conjuguer certains verbes au présent**

Exercice 2 Entourez la forme correcte.

a. Vous viens/venez pour l'inscription ?

b. Il suis/est mexicain.

c. Tu parles/parle français ?

d. Elles êtes/sont jeunes.

e. Vous est/êtes tchèque ?

f. Il avez/a dix-huit ans.

g. Elles parlent/parlez anglais ?

h. Vous allez/va au cinéma ?

C **utiliser le *tu* et le *vous***

Exercice 3 Dans ces situations, vous utilisez le *tu* ou le *vous* ?
Entourez la bonne réponse.

tu – vous

tu – vous

tu – vous

D reconnaître un mot masculin et un mot féminin

Exercice 4 Notez M les mots masculins et F les mots féminins.

a. le laboratoire   e. la danse   i. la secrétaire

b. le chat   f. le téléphone   j. le secrétaire

c. la cafétéria   g. la poste   k. la bibliothèque

d. la beauté   h. le football   l. le cinéma

E utiliser les articles définis : *le, la, l'*

Exercice 5 Complétez avec l'article qui convient.
Si vous ne connaissez pas le mot, regardez dans le dictionnaire.

a. À Paris, il y a … musée d'Orsay, … musée du Louvre, … musée Picasso.

b. Bonjour, monsieur. Je cherche … jardin du Luxembourg.

c. À Rome, j'aime beaucoup … fontaine de Trevi.

d. Il est à … crèche rue Balzac.

e. Yukiko ? C'est … amie de Monica.

f. Elle est à … opéra avec Abdel.

F accorder en genre (masculin, féminin) l'adjectif et le nom

Exercice 6 Accordez l'adjectif entre parenthèses.

a. Carla est *(italien)*. Alexis est *(français)*. b. Ivan est *(russe)*. Natacha est *(russe)* aussi.
c. Elle est *(jeune)*, *(grand)* et *(blond)*. d. – C'est un passeport *(canadien)* ?
– Non, il est *(américain)*. e. – Martina est *(belge)* ? – Non, elle est *(allemand)*.

G utiliser le pluriel des noms et des verbes

Exercice 7 Mettez ces phrases au pluriel.

a. Le nouveau voisin est grec. b. Elle est belle et très gentille. c. Elle habite à Paris,
elle fait du théâtre. d. – Il parle grec ? – Non, il parle français.

Vous savez aussi...

vous présenter et donner des informations sur vous

Exercice 8 Vous venez pour une inscription à la bibliothèque. Répondez. À vous !

– Bonjour, madame. C'est pour une inscription à la bibliothèque.

– Oui, très bien. Comment vous vous appelez ? ....

– Vous êtes français ? ....

– Vous habitez où ? ....

– Voilà.

– Merci, madame. Au revoir.

Compréhension orale

1 🎧 **Écoutez et complétez cette fiche d'inscription.**

Fiche d'inscription

Nom : Lancien
Prénom : ...
Nationalité : ...
Adresse : ... rue de Londres Paris
Profession : architecte

2 🎧 **Écoutez et complétez.**

Bonjour, je m'appelle Vanessa Wang
et j'ai ... ans.
Je suis ... de ....
... à Genève.
J'ai ... enfants, Michaël et Laura.

Compréhension écrite

Lisez le texte et cochez les informations exactes.

Karen est danoise mais elle habite à Berlin.
Elle est architecte et elle travaille dans un cabinet d'architectes très célèbre, Siegel-Fersen.
Elle parle très bien anglais, allemand et un peu français. Elle aime la musique classique et le jazz, le cinéma français, la mode italienne et la cuisine chinoise.
Elle est petite et brune.

a. Karen vient du Danemark. ☐

b. Elle est étudiante en architecture. ☐

c. Elle habite et elle travaille à Berlin. ☐

d. Elle aime le cinéma français. ☐

e. Elle parle un peu le chinois. ☐

f. Elle parle très bien français. ☐

g. Elle est grande et brune. ☐

h. Elle travaille chez Siegel-Fersen. ☐

Expression orale

Vous êtes à Paris, dans un square. Vous avez envie de parler avec votre voisin.

Expression écrite

Écrivez un petit texte pour expliquer qui vous êtes.

Se situer dans l'espace

Tu vas au Luxembourg*?

1 MAX : Bonjour. Je cherche Noriko. Elle est là ?

ZOÉ : Non. Elle est avec Tom.

MAX : Quoi !

ZOÉ : Euh… oui. Ils déjeunent à la cafétéria.

MAX : Ah bon !

2 LILY : Salut* Sami. Je vais au cinéma.
Tu viens avec moi ?

SAMI : Non merci. Je vais au Luxembourg.
Il y a l'expo* de photos* d'Arthus-Bertrand.
Elle est gratuite aujourd'hui.

LILY : Gratuite ! Je viens avec toi.

3 *Sur le campus…*

CLAIRE : Salut. Tu viens de la bibliothèque ?

LUCIE : Oui. Il y a l'examen de mathématiques
demain. Et toi, tu viens d'où ?

CLAIRE : Je viens du labo. C'est fatigant.

LUCIE : Alors, bon courage.

CLAIRE : Merci. Et toi, bonne chance
pour l'examen.

*Le Luxembourg : grand jardin public dans Paris.
*Salut (familier) : bonjour ou au revoir suivant
la situation.
*une expo : une exposition.
*une photo : une photographie.

🎧 **Phonétique, rythme
et intonation**

Intonation exclamative

1. **Écoutez et répétez.**
Quoi ! Bonne chance ! Bon courage !

2. **Imaginez une situation avec ces
expressions comme dans l'exemple :**
– L'examen est demain. – Bonne chance !

3. **La discrimination bon** [bõ]/
bonne [bɔn]
Écoutez et répétez : Bon courage !
Bonne chance !

Pour communiquer • Quoi ! • Ah bon ! • Bonne

Noms/pronoms
- **la bibliothèque**
- **la cafétéria**
- **un examen**
- **une exposition**
- **le laboratoire**
- **les mathématiques**
- **une photo (graphie)**

Adjectifs
- **fatigant(e)**
- **gratuit(e)**

Verbes
- **aller**
- **chercher**
- **déjeuner**
- **venir**

Locution verbale
- **c'est + adjectif**

Mots invariables
- **alors**
- **aujourd'hui**
- **avec**
- **de, d'**
- **demain**
- **d'où ?**
- **où ?**
- **quoi !**

chance ! • Bon courage !

Écoutez, lisez, comprenez

1 🎧 **Écoutez et complétez.**

Tom et Noriko sont ...

Lily va ...

Sami va ...

Lucie vient ...

Claire vient ...

2 **Qui parle ? Reliez une personne à une phrase.**

1. Tom   a. Je vais au Luxembourg.
2. Max   b. Je viens du laboratoire.
3. Claire   c. Je suis à la cafétéria.
4. Sami   d. Je suis avec Noriko.
5. Lily   e. Je viens de la bibliothèque.
6. Noriko   f. Je vais au cinéma.
7. Lucie   g. Je cherche Noriko.

3 **Avec l'aide du dictionnaire, cochez le sens de ces expressions.**

a. Quoi !   ☐ le souhait   ☐ la colère

b. Bon courage !   ☐ le souhait   ☐ la colère

4 **Trouvez la question correspondant à chaque réponse.**

a. ... ? De la bibliothèque.

b. ... ? Elle est à la cafétéria.

c. ... ? Il va au Luxembourg.

d. ... ? Elle vient du laboratoire.

e. ... ? Au cinéma.

5 **Relisez le dialogue et complétez par *aujourd'hui* ou *demain*.**

a. Il y a l'examen de mathématiques ? Oui, ...

b. Tu vas au Luxembourg demain ? Non, ...

c. Aujourd'hui, c'est lundi, ..., c'est mardi.

Grammaire et vocabulaire

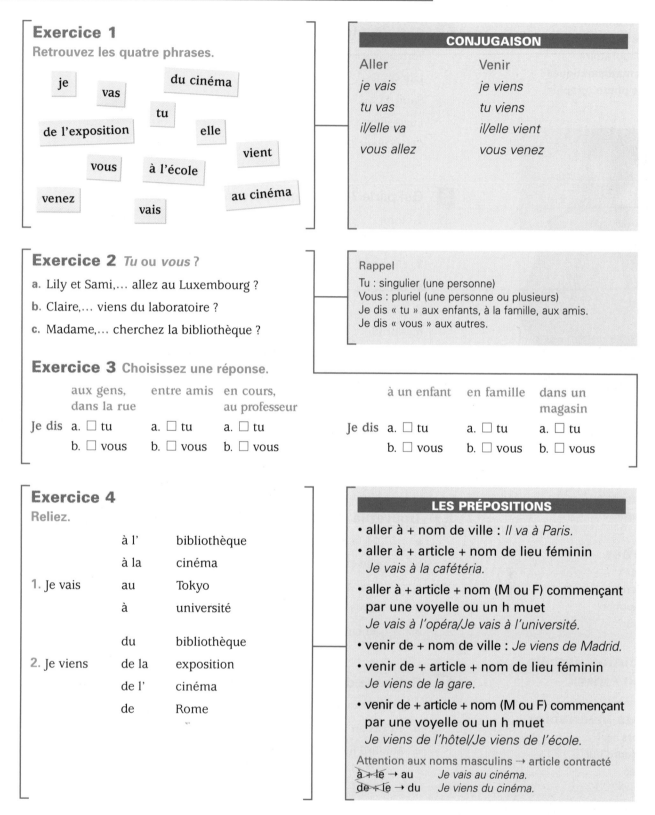

Exercice 1
Retrouvez les quatre phrases.

je   vas   du cinéma   tu   de l'exposition   elle   vient   vous   à l'école   venez   au cinéma   vais

CONJUGAISON	
Aller	Venir
je vais	*je viens*
tu vas	*tu viens*
il/elle va	*il/elle vient*
vous allez	*vous venez*

Exercice 2 *Tu* ou *vous* ?

a. Lily et Sami,... allez au Luxembourg ?

b. Claire,... viens du laboratoire ?

c. Madame,... cherchez la bibliothèque ?

Rappel

Tu : singulier (une personne)
Vous : pluriel (une personne ou plusieurs)
Je dis « tu » aux enfants, à la famille, aux amis.
Je dis « vous » aux autres.

Exercice 3 Choisissez une réponse.

	aux gens, dans la rue	entre amis	en cours, au professeur		à un enfant	en famille	dans un magasin
Je dis	a. ☐ tu	a. ☐ tu	a. ☐ tu	Je dis	a. ☐ tu	a. ☐ tu	a. ☐ tu
	b. ☐ vous	b. ☐ vous	b. ☐ vous		b. ☐ vous	b. ☐ vous	b. ☐ vous

Exercice 4
Reliez.

	à l'	bibliothèque
	à la	cinéma
1. Je vais	au	Tokyo
	à	université
	du	bibliothèque
2. Je viens	de la	exposition
	de l'	cinéma
	de	Rome

LES PRÉPOSITIONS

- aller à + nom de ville : *Il va à Paris.*
- aller à + article + nom de lieu féminin
  Je vais à la cafétéria.
- aller à + article + nom (M ou F) commençant par une voyelle ou un h muet
  Je vais à l'opéra/Je vais à l'université.
- venir de + nom de ville : *Je viens de Madrid.*
- venir de + article + nom de lieu féminin
  Je viens de la gare.
- venir de + article + nom (M ou F) commençant par une voyelle ou un h muet
  Je viens de l'hôtel/Je viens de l'école.

Attention aux noms masculins → article contracté
à + le → au   *Je vais au cinéma.*
de + le → du   *Je viens du cinéma.*

L'INTERROGATION SUR LE LIEU

Où ? et D'où ?
Tu vas où ? Je vais à l'université.
Tu viens d'où ? Je viens de la cafétéria.

À vous !

1 🎧 Écoutez et inscrivez dans l'agenda de Sami les différentes activités entendues.

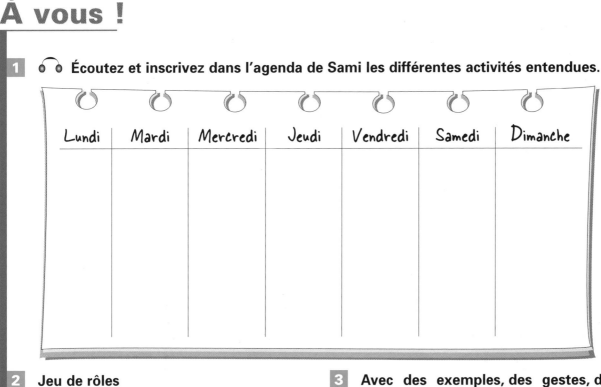

Lundi	Mardi	Mercredi	Jeudi	Vendredi	Samedi	Dimanche

2 **Jeu de rôles**

Imaginez des situations pour utiliser : *Salut !*
Merci. Quoi !

3 Avec des exemples, des gestes, des objets, faites deviner le sens des mots suivants.

a. gratuit **b.** seul **c.** différent **d.** désolé

Civilisation   L'école en France

Et avant 6 ans ?
Les enfants vont à la crèche (de 3 mois à 3 ans).
À l'école maternelle (de 3 à 6 ans)

• **Elle est obligatoire** de 6 à 16 ans.

De 6 à 10 ans : ils vont à l'école primaire

De 11 à 14 ans : ils vont au collège

De 15 à 18 ans : ils vont au lycée général
ou au lycée professionnel

– À la fin du lycée, les élèves passent
un examen national : le **baccalauréat** (le bac)

– Après, ils vont à l'université (de 18 à 25 ans)
ou dans des écoles spécialisées
ou ils travaillent

• **Elle est gratuite** de 6 à 16 ans.

– À l'université, l'inscription coûte environ
400 euros par an.

• **Elle est laïque** # elle est religieuse.

Complétez.

Il a 4 ans, il va …

Ils ont 16 ans, ils vont …

Elle a 22 ans, elle va …

Nous venons pour l'inscription

2 LA SECRÉTAIRE : Bon. Vous avez un téléphone ? Un e-mail ?

SUSANA : Oui. 06 27 41 22 00. Et le mail : sricci@hotmail.com.

THOMAS : Moi, c'est le 06 54 60 55 21. Et le mail, c'est thomas-hansen@yahoo.fr.

LA SECRÉTAIRE : D'accord.

THOMAS : Madame, s'il vous plaît, le cours est dans quel bâtiment ?

LA SECRÉTAIRE : Dans le bâtiment A, au premier étage. Salle 046. Les cours commencent le 12 octobre.

THOMAS ET SUSANA : Au revoir, madame. Merci. Merci beaucoup.

LA SECRÉTAIRE : De rien. Au revoir.

1 SUSANA (*toc toc*) : C'est ouvert ?

UNE VOIX : Oui. Entrez.

SUSANA : Bonjour, madame. Nous venons pour l'inscription.

LA SECRÉTAIRE : Oui. Pour quel cours ?

THOMAS : Le cours d'informatique première année.

LA SECRÉTAIRE : Oui. Quel jour ? Quelle heure ? Avec quel professeur ?

THOMAS : Le mardi à neuf heures. Avec monsieur Blanc.

LA SECRÉTAIRE : Très bien. Comment vous vous appelez ?

THOMAS : Thomas HANSEN.

LA SECRÉTAIRE : Vous épelez, s'il vous plaît ?

THOMAS : Oui. H A N S E N. Hansen.

SUSANA : Et moi, c'est Susana Ricci. Susana avec un S et Ricci R I C C I.

🎧 Phonétique, rythme et intonation

1. L'enchaînement
Écoutez. Répétez.

un‿an – un‿avion – un‿homme – un‿appartement – un‿enfant – un‿étudiant – un‿Italien.

2. La discrimination masculin/féminin
Écoutez. Répétez.

un élève/une élève – un ami/une amie un étudiant/une étudiante un Allemand/une Allemande.

3. Intonation et groupes de souffle
Écoutez. Répétez.

a. Vous épelez, s'il vous plaît ? (3-3)
b. Merci beaucoup. Au revoir, madame. (4/2-2)

Écoutez, lisez, comprenez

Pour communiquer
- Entrez !
- S'il vous plaît.
- Bon.
- Au revoir
- Merci
- De rien !

Manière de dire
- Vous avez un téléphone ? (vous avez un numéro de téléphone ?)
- sricci tout attaché
- thomas tiret hansen (thomas-hansen)
- @ : arobase
- M : (lettre) majuscule
- m : (lettre) minuscule.

1 🎧 **Écoutez et replacez dans le dialogue :**

au revoir – merci beaucoup – au revoir – bonjour – de rien – s'il vous plaît – d'accord.

– .... , madame. Nous venons pour le cours de monsieur Blanc, le mardi à neuf heures.
– Oui. Vous vous appelez comment, ... ?
– Thomas Hansen et Susana Ricci.
– Hansen et Ricci, ...
– .... , madame ....
– ....

2 🎧 **Masculin ou féminin ? Écoutez et écrivez l'article que vous entendez : un ou une ?**

a. … étudiant **b.** … musée célèbre **c.** … année exceptionnelle **d.** … jour
e. … salle de cours **f.** … appartement **g.** … inscription **h.** … université

3 🎧 **Écoutez deux fois et cochez la bonne réponse.**

La secrétaire du département d'informatique s'appelle Éliane Longuet.

Elle a   ☐ **a.** 22 ans   ☐ **b.** 32 ans   ☐ **c.** 42 ans

Elle habite   ☐ **a.** à Paris   ☐ **b.** à Malakoff   ☐ **c.** à Vincennes

Elle travaille à l'université depuis
☐ **a.** un an   ☐ **b.** dix ans   ☐ **c.** seize ans

4 🎧 **Écoutez plusieurs fois. Complétez le planning de Susana.**

Lundi 9h-11h	littérature du Moyen Âge – Bât … salle … (prof. : M. Vernant)
… – …	le roman .... – Bât C, salle … (prof. : M. Legrand)
Mardi	informatique – Bât. C, salle … (prof. : …)
… – …	
	Mercredi RIEN !
Jeudi	sociologie de la littérature – Bât. C, salle … (prof : M …)
… – …	
11h-13h	… francophone – Bât A, salle … (prof. : M. Laurent)
… – …	… – Bât. A, salle … (prof. : Mme Thomas)
Vendredi 16h- …	anglais – Bât. B, salle 101 (prof. : M …)

Grammaire et vocabulaire

CONJUGAISON

Nous = *je* + *tu* ou *je* + *il/elle* ou *je* + *vous* ou *je* + *ils/elles*.
La terminaison est toujours -ons (exception : être : nous sommes)
Nous sommes étudiants en informatique et nous venons pour l'inscription.

Exercice 1

Complétez avec *quel/quelle/quels/quelles*.

a. Il est … heure, s'il vous plaît ?

b. C'est dans … bâtiment ? Le A ou le B ?

c. Le cours commence … jour ?

d. Le secrétariat est ouvert … jours ?

e. C'est dans … salle ? La salle 102 ou la salle 103 ?

f. Vous connaissez … grandes villes françaises ?

L'ADJECTIF INTERROGATIF QUEL

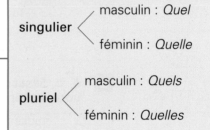

singulier
masculin : *Quel*
féminin : *Quelle*

pluriel
masculin : *Quels*
féminin : *Quelles*

Exercice 2

Complétez comme dans l'exemple.

Exemple : *Vous connaissez **un** océan ?*
*Oui, **l'**océan Atlantique.*

a. À Paris, une tour célèbre ? Oui,…

b. En Italie, une tour célèbre ? …

c. À New York, une statue célèbre ? …

d. Un fleuve célèbre qui traverse Londres ? …

e. Un fleuve célèbre qui traverse Paris ? …

f. Une danse argentine très célèbre ? …

g. Un musée parisien très célèbre ? …

L', LE, LA, LES ou UN, UNE, DES ?

• **L'article défini** (*l', le, la, les*) indique une personne ou une chose déjà connues : *Le cours est dans la salle 046* (le cours existe, la salle 046 existe aussi) ou une personne ou une chose uniques : *le cours de M. Blanc, la tour Eiffel.*

Rappel : devant une voyelle ou un *h* muet, le et la → l' : *l'hôtel, l'université.*

• **L'article indéfini** (*un, une, des*) indique qu'une personne ou une chose existent en plusieurs exemplaires (*une actrice de cinéma, un étudiant, une salle de cours, un fleuve…*) et qu'on en parle pour la première fois : *Tu as des cours aujourd'hui ?*

Exercice 3

Les nombres de 20 à 60 : la course-relais

 Écoutez plusieurs fois et apprenez les nombres par cœur. Puis, faites cinq groupes. Chaque groupe récite une dizaine (les « 20 », les « 30 », etc.).

Récitez tous les nombres de 20 à 60 le plus vite possible, groupe après groupe en enchaînant.

20 : vingt – **21 :** vingt et un – **22 :** vingt-deux – **23 :** vingt-trois …
30 : trente – **31 :** trente et un – **32 :** trente-deux – **33 :** trente-trois …
40 : quarante – **41 :** quarante et un – **42 :** quarante-deux – **43 :** quarante-trois…
50 : cinquante – **51 :** cinquante et un – **52 :** cinquante-deux – **53 :** cinquante-trois …
60 : soixante

Les jours de la semaine Lundi – mardi – mercredi – jeudi – vendredi – samedi – dimanche

Question-devinette Il y a une syllabe commune aux sept jours de la semaine ? Laquelle ?
Savez-vous pourquoi ?

La date et l'heure Il y a un cours d'informatique → *le mardi à 9 heures. (tous les mardis)*

Et vous ? Vous avez un cours de français le … à … heures.

À vous !

1 🎧 **Travail en tandem. Écoutez, lisez puis jouez la scène à deux.**

A : Bonjour. Un billet pour *Rigoletto*, s'il vous plaît.

B : Oui. Pour quel jour ?

A : Pour le 22 septembre.

B : Très bien. Voilà. C'est 52 euros.

A : Oui. Voilà. C'est à quelle heure ?

B : À 20 heures.

A : Merci beaucoup. Au revoir, monsieur.

2 **Complétez. Vous pouvez utiliser votre dictionnaire et regarder le Précis grammatical.**

Susana aime la musique moderne, le cinéma français, la cuisine argentine et la littérature japonaise. Et vous ?

Moi, j'aime ....

Civilisation   L'année scolaire et universitaire en France

Trois zones

La France scolaire est partagée en trois zones A, B et C. Les dates des vacances de février et des vacances de printemps changent selon les zones. Pour les autres vacances, les dates sont les mêmes.

■ **Regardez la carte, lisez le texte et répondez aux questions.**

a. Sonia habite à Paris et Flore à Nice.
Elles ont les mêmes vacances de Noël ?

b. J'habite à Paris et mon amie Diana à Nantes.
Nous avons les mêmes vacances de printemps ?

c. Patrice est étudiant à Lille. Il est dans quelle zone ?

d. Citez deux villes en zone A : … ; en zone B : … ; en zone C : …

Pour les élèves (écoles, collèges et lycées), la rentrée est au début du mois de septembre. Dans les universités, les étudiants rentrent entre le 5 et le 20 octobre.
Les élèves ont dix jours de vacances fin octobre (la Toussaint) ; les étudiants, non. Les vacances de Noël (deux semaines) sont les mêmes pour tous. En février, les élèves ont deux semaines de vacances : les dates changent selon les zones ; les étudiants ont des examens.

En avril ou mai, les vacances de printemps : les élèves et les étudiants ont deux semaines de vacances. Les dates changent selon les zones. Les étudiants terminent les cours fin mai-début juin et passent les examens. Les élèves terminent fin juin.

Et dans votre pays, les élèves ont combien de jours de vacances ? quand ? et les étudiants ?

À vélo, en train, en avion...

Écoutez

Au téléphone

VICTOR : Salut Marc ! Qu'est-ce que tu fais samedi ?

MARC : Mais enfin ! Nous allons à Nantes, tu sais bien. C'est l'anniversaire de Mamie.

VICTOR : Ah oui, c'est vrai. À quelle heure ?

MARC : Le TGV* est à 8 heures à Montparnasse.

VICTOR : Tu achètes les billets ?

MARC : Oui, pas de problème.

VICTOR : Est-ce que tu vas à la gare en taxi ?

MARC : Non, je prends le métro. Saint-Lazare-Montparnasse, c'est direct. Et toi ?

VICTOR : Moi, je prends d'abord un bus, ensuite le RER* A1. Je change à Charles de Gaulle-Étoile et je prends la ligne 6 jusqu'à Montparnasse. Ouf ! C'est long !

MARC : Tu viens chez moi vendredi soir alors ?

Train	N°	Destination	Départ
TGV 1ᵉ 2ᵉ CL. Complet en 1ʳᵉ CL.	8315	TOURS	7ʰ55
TGV 1ᵉ 2ᵉ CL	8807	NANTES	8ʰ00
	8009	RENNES	8ʰ05
Train vert	86H467	H. RT00?	8ʰF5
TGV 1ᵉ 2ᵉ CL	8807	NANTES	8ʰ00
TGV 1ᵉ 2ᵉ CL. Complet en 1ʳᵉ CL.	8009	RENNES	8ʰ05
TER-CENTRE	467	CHARTRES	8ʰ15
TGV 1ᵉ 2ᵉ		TOULOUSE VIA BORDEAUX	8ʰ20
TGV 1ᵉ 2		NANTES LE CROISIC	9ʰ00
TGV 1ᵉ		RENNES BREST	9ʰ05
TGV 1ᵉ		RESERVE SERVICE	9ʰ05

VICTOR : Non merci, c'est gentil, mais je suis fatigué. Je reviens du Pérou.

MARC : Mais tu vas bientôt au Japon ?

VICTOR : Oui, mais je vais d'abord en Chine.

MARC : Oh là là ! Moi, je déteste l'avion, je préfère aller à pied ou à vélo.

---

* Le TGV : le Train à Grande Vitesse.
* Le RER : le Réseau Express Régional.

Phonétique, rythme et intonation

1. **La voyelle a**
   Écoutez et répétez.
   samedi. Mamie. Tu vas à la gare.

2. **Le son [ɑ̃]**
   Écoutez et répétez.
   Nantes. Je prends le bus. C'est gentil.

3. **Écoutez et cochez le son entendu.**

	a	b	c	d	e	f
[a]						
[ɑ̃]						

Pour communiquer · Mais enfin ! · Tu sais bien. · Ah oui, c'est vrai. · Pas de problème. · Ouf !

Écoutez, lisez, comprenez

Noms/pronoms

- un anniversaire
- un avion
- un billet
- un bus
- une gare
- une ligne (de métro)
- le métro
- le soir
- un taxi
- un train
- un vélo

Adjectifs

- direct(e)
- fatigué(e)
- long/longue

Verbes

- acheter
- changer
- détester
- faire
- préférer
- prendre (le bus,
  le métro, le train,
  le RER)
- revenir

Mots invariables

- bientôt
- chez + nom de personne
- d'abord
- en
- ensuite
- est-ce que ?
- jusqu'à
- mais
- qu'est-ce que ?

Manière de dire

- Mamie : grand-mère
- C'est long
  (ça dure longtemps)
- Aller à pied
  (marcher)
- N'est-ce pas ?

1 ◦⌒◦ **Regardez le plan et écoutez.**

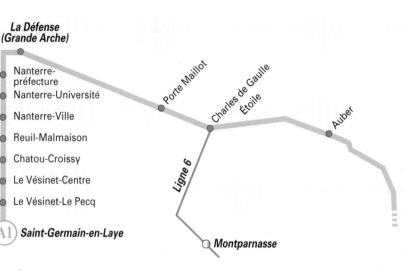

Victor habite dans quelle ville ? ...

2 ◦⌒◦ **Réécoutez les dialogues, lisez les phrases et choisissez vrai (V) ou faux (F).**

		V	F
a.	Victor revient du Japon.	V	F
b.	Marc habite à Paris.	V	F
c.	Marc et Victor sont amis.	V	F
d.	Ils prennent l'avion.	V	F
e.	Marc achète les billets.	V	F
f.	Victor n'est pas fatigué.	V	F

3 **Combien de moyens de transport sont cités ? ...**
Lesquels : ...

4 **Reliez.**

1. Il achète		**a.** du Pérou
2. Il prend		**b.** à la gare
3. Il revient		**c.** l'avion
4. Ils vont		**d.** un billet de train

Grammaire et vocabulaire

Exercice 1

Conjuguez.

a. Qu'est-ce que tu *(faire)* ? **b.** Je *(faire)* des photos. **c.** Qu'est-ce qu'ils *(faire)* ? **d.** Ils *(prendre)* le train. **e.** Qu'est-ce que vous *(prendre)* ? **f.** Nous *(prendre)* un café.

CONJUGAISON

Faire *je fais, tu fais, il/elle/on fait, nous faisons, vous faites*, ils/elles font*

Attention ! La 2ᵉ personne du pluriel est : *vous faites* (~~vous faisez~~)

Nous faisons se prononce nous [fə]sons.

Prendre *je prends, tu prends, il/elle prend, nous prenons, vous prenez, ils/elles prennent*

Exercice 2

Mettez aux deux formes interrogatives.

a. Tu prends le train →... **b.** Vous aimez le thé →... **c.** Elles vont à Madrid →...

Exercice 3

Relisez le dialogue et complétez par une réponse ou une question.

a. ... ? Ils prennent le train. **b.** ... ? Oui, il achète les billets. **c.** ... ? Non, il préfère le vélo. **d.** Est-ce qu'ils vont à Nantes ? ... **e.** ... ? Oui, il est fatigué. **f.** Qu'est-ce que Marc préfère ? ...

L'INTERROGATION

2 formes courantes :
Vous voulez un café ? (la voix monte)
Est-ce que vous voulez un café ?

2 réponses possibles : oui/non + formules de politesse suivant le contexte : *Oui merci. Oui, s'il vous plaît. Oui, volontiers.* ou *Non merci.*

Attention ! Ne confondez pas : Est-ce que (réponses : oui ou non) et **Qu'est-ce que ?**
→ X réponses possibles : *Qu'est-ce que tu fais ? Je fais la cuisine, je fais un voyage...*

➡ Voir le Précis grammatical p. 134

Exercice 4

Choisissez *de* (2 fois)/*d'*/*du*/*des*.

	Italie
1. Il revient ...	Gabon
	Pays-Bas
	Russie
	Cuba

Choisissez *en, au, aux, à*.

	Bahamas
2. Elle va ...	Brésil
	Iran
	Singapour

PRÉPOSITIONS + NOMS DE PAYS

• **Pays masculins commençant par une consonne :** le Japon, le Canada

Aller → au : destination
Aller au Mexique, au Portugal

Venir → du : provenance
Venir du Mexique, du Portugal

Pays féminins ou pays commençant par une voyelle : la Chine, la France, l'Équateur

Aller → en : destination
Aller en Chine, en Espagne, en Équateur

Venir → de ou d' : provenance
Venir de Chine, d'Espagne, d'Équateur

Au pluriel : les États-Unis, les Pays-Bas
Aller → aux **→** *Aller aux États-Unis*
Venir → des **→** *Venir des États-Unis*

Exception
Prépositions *à* ou *de* + certains noms d'îles :
Chypre, Cuba, Madagascar, Malte
Je vais à Malte/Je viens de Malte

PRÉPOSITIONS + NOMS DE TRANSPORT

*Aller **en** taxi, **en** bus, **en** train, **en** avion*   **Mais :** *Aller **à** pied, **à** cheval, **à** vélo*

À vous !

1 Comment allez-vous de chez vous à l'école ? Expliquez votre itinéraire.

2 Vous avez une semaine de vacances. Vous allez où ? Comment ?

3 Avec le dictionnaire, trouvez cinq adjectifs pour caractériser les transports en commun chez vous et faites des phrases comme dans les exemples : *Je déteste l'avion, c'est inconfortable. J'adore le vélo, c'est sympa.*

Civilisation   Le métro parisien a plus de cent ans !

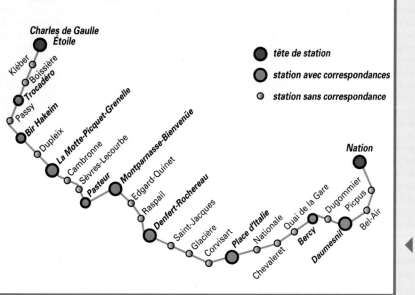

La première ligne de métro (métropolitain) est ouverte en 1900. Elle va de Porte de Vincennes à Porte Maillot. Aujourd'hui, il existe 14 lignes. La dernière, la ligne 14 (Saint-Lazare à Bibliothèque François-Mitterrand) est entièrement automatisée (il n'y a pas de conducteur).

Pour s'orienter dans le métro, c'est très facile. Il faut connaître trois choses : la direction, les stations et les correspondances.

Par exemple : Suivez sur le plan (voir à la fin du manuel). J'habite près de la station Pernety. Pour aller aux Champs-Élysées, je prends la ligne 13 direction Saint-Denis jusqu'à la station Champs-Élysées-Clémenceau.

Pour aller voir la tour Eiffel, je change à Montparnasse et je prends la correspondance, la ligne 6, direction Étoile et je m'arrête à la station Bir-Hakeim.

Mais pour aller voir mon amie à Malakoff, je vais en direction de Châtillon et je descends à la station Malakoff-Plateau de Vanves.

Les stations portent des noms de personnes célèbres (Voltaire, Gambetta, Monge, Jaurès),

d'événements historiques (Bir-Hakeim, Solférino, 4-septembre) ou de lieux (Bastille, Opéra, Concorde).

1. Vous habitez près du métro Saint-Lazare et vous allez à Bastille. Qu'est-ce que vous faites ?

2. Une seule station porte un nom de femme. Elle est sur la ligne 3. Elle s'appelle comment ?

3. Le métro ouvre à 5 h 30 le matin et ferme à 1 h 00. Beaucoup de Parisiens voudraient utiliser le métro 24 h/24. Pourquoi ?

Pardon monsieur, le BHV s'il vous plaît ?

Écoutez

1 ALLYSON : Pardon monsieur, où est le BHV*, s'il vous plaît ?

LE MONSIEUR : Oh là là, vous êtes perdue. Ici, vous êtes sur la rive gauche et le BHV se trouve sur la rive droite.

ALLYSON : Alors, qu'est-ce que je fais ?

LE MONSIEUR : Vous n'avez pas un plan ?

ALLYSON : Si, voilà.

2 LE MONSIEUR : Bien. Regardez. Nous sommes boulevard Saint-Germain, à l'angle du boulevard Saint-Michel. Vous prenez le boulevard Saint-Michel jusqu'à la Seine. Vous arrivez sur le pont Saint-Michel, vous traversez. Vous continuez par le boulevard du Palais, toujours tout droit. Ensuite, prenez le Pont au Change et tournez à droite, quai de Gesvres.

ALLYSON : C'est loin ?

LE MONSIEUR : Mais non, ce n'est pas loin !

ALLYSON : Il y a un bus direct ?

LE MONSIEUR : Non, je ne pense pas. Allez ! vous êtes jeune. Vous pouvez marcher, c'est bon pour la santé.

ALLYSON : Hum… Et après le quai…

LE MONSIEUR : Marchez tout droit jusqu'à la place de l'Hôtel-de-Ville. Le BHV se trouve de l'autre côté, rue de Rivoli.

ALLYSON : Au revoir. Merci beaucoup.

LE MONSIEUR : Je vous en prie.

---

* Le BHV : le Bazar de l'Hôtel de Ville, un grand magasin parisien.

🎧 Phonétique, rythme et intonation

Écoutez. Répétez.

1. Le « e » final ne se prononce pas.
*riv(e) droit(e), riv(e) gauch(e). Vous êt(e)s jeun(e).
Il se trouv(e) à droit(e) de la plac(e). La march(e),
c'est facil(e).*

2. La dernière syllabe s'allonge.
Je fais com<u>ment</u> ? Allez ! C'est <u>loin</u> ! Merci beau<u>coup</u>.
Pour exprimer un sentiment fort (colère, impatience, déception), on prolonge le son de la dernière syllabe.

Pour communiquer
• S'il vous plaît. • Oh là là ! • Bien.
• Allez ! • Pardon (= pour demander quelque chose) • Je vous en prie (à dire après des remerciements)

Manière de dire
• Vous êtes perdu(e). • Je ne pense pas (= je pense qu'il n'y a pas de bus direct)

Écoutez, lisez, comprenez

Noms/pronoms

- un angle
- un boulevard
- un côté
- la droite
- la gauche
- une place
- un plan
- un pont
- un quai
- une rive
- une rue
- la santé

Adjectifs

- autre
- bon(ne)
- droit(e)
- gauche
- jeune
- perdu(e)

Verbes

- arriver
- continuer
- marcher
- pouvoir
- prendre (à droite/
  à gauche)
- trouver (se)
- tourner (à droite,
  à gauche)
- traverser

Locution
verbale

- c'est +
  mot interrogatif
- c'est + adverbe

Mots
invariables

- après
- loin
- ne... pas
- par
- si
- sur
- toujours
- tout droit
- voilà

1 🎧 Réécoutez l'explication du monsieur puis écoutez cette nouvelle explication et corrigez les erreurs (il y en a 4).

2 Rive droite (RD) : sur la rive droite. Rive gauche (RG) : sur la rive gauche. Relisez le dialogue, regardez le plan p. 9 et situez :

a.	La tour Eiffel	RD	RG
b.	Le Louvre	RD	RG
c.	Les Champs-Élysées	RD	RG
d.	Le musée d'Orsay	RD	RG
e.	Le Panthéon	RD	RG
f.	Montmartre	RD	RG
g.	Montparnasse	RD	RG

3 Vrai (V) ou Faux (F) ?

a.	Le monsieur se trouve sur la rive gauche.	V	F
b.	Allyson cherche les Galeries Lafayette.	V	F
c.	Le monsieur n'a pas de plan.	V	F
d.	Le BHV est loin de l'Hôtel de Ville.	V	F
e.	Allyson ne sait pas où est le BHV.	V	F
f.	Allyson est jeune.	V	F

4 Allyson habite place Denfert-Rochereau, dans le 14ᵉ. Elle va voir Enzo à la Cité internationale, boulevard Jourdan, à pied. En vous aidant du plan, indiquez les itinéraires possibles.

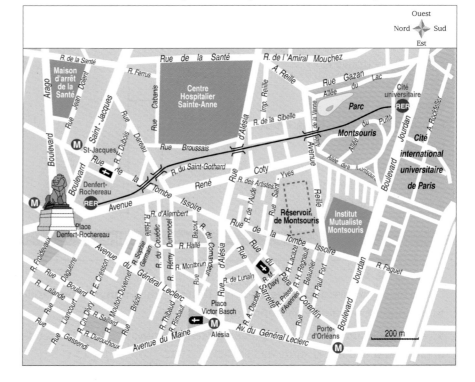

Grammaire et vocabulaire

Exercice 1

Conjuguez le verbe qui convient *pouvoir* ou *prendre*.

a. Vous … le bus.

b. Elle … marcher.

c. Elle ne … pas le métro.

d. Il … aider Allyson.

CONJUGAISON

Pouvoir
je peux – tu peux – il/elle peut – nous pouvons – vous pouvez – ils/elles peuvent

Attention !
pouvoir + infinitif seulement :
il peut parler français, elle peut danser
prendre + nom seulement :
tu prends le métro, il prend un dessert

Exercice 2

Donnez aux trois personnes l'impératif de :

a. Parler : …

b. Venir : …

c. Aller : …

d. Faire : …

e. Prendre : …

Exercice 3

Choisissez *e* ou *es*.

a. Trouv… un autre magasin.

b. Après le Pont-Neuf, tourn… à gauche.

c. Tu trouv… tout au BHV.

d. Tu tourn… à droite, c'est là.

L'IMPÉRATIF (1)

3 personnes : tu, nous, vous.

Le pronom sujet n'est pas exprimé.
Prends, prenons, prenez la rue de Rivoli

L'impératif a les mêmes formes que le présent :
Tu parles français → Parle français
Nous parlons français → Parlons français
Vous parlez français → Parlez français

(sauf pour les verbes : être, avoir, savoir et vouloir)
Attention !
Pas de « s » final à la 2ᵉ personne du singulier de l'impératif des verbes en -er :
Tu dans<u>es</u> bien → Dans<u>e</u> pour nous, s'il te plaît.

L'impératif affirmatif exprime un ordre, un conseil ou un souhait :
Pars. Tournez à gauche. Travaillez bien.

Exercice 4

Mettez à la forme négative.

a. J'ai un plan → … **b.** Vous êtes perdue → …

c. Le BHV se trouve là → …

Exercice 5

Répondez aux questions en utilisant la forme négative.

a. Vous vivez seul(e) ? Non, je … **b.** Il parle français ? … **c.** Elle habite à Paris ? …
d. Vous travaillez ? …

LA FORME NÉGATIVE (1)

ne (ou n') + verbe + pas
Ce <u>n'</u>est <u>pas</u> loin.
Je <u>ne</u> pense <u>pas</u>.

➡ Voir le Précis grammatical p. 135

VOCABULAIRE

Exercice 6

Le verbe « prendre » a plusieurs sens. Donnez un synonyme ou expliquez chaque phrase.
Vous pouvez utiliser le dictionnaire.

a. Vous prenez un café ? **b.** Vous prenez la première rue à droite. **c.** Je prends un déjeuner rapide.
d. Elle prend le bus à la sortie de l'école.

À vous !

1 **Jeu de rôles**

Vous rencontrez
un(e) touriste
perdu(e)
dans votre ville.
Imaginez
le dialogue.

2 **Jeu de rôles**

Luca est étudiant. Il vient de Florence, en Italie.
Il habite à Paris, rue de Charenton, dans le 12ᵉ,
métro Gare de Lyon. Il va suivre des cours
à Paris-VIII Saint-Denis. Il téléphone au
secrétariat pour savoir comment aller
à l'université. Imaginez le dialogue.
Regardez le plan du métro à la fin du manuel.

3 **Par écrit, décrivez la rue où vous habitez,
l'emplacement des différents commerces
et immeubles. Utilisez les expressions :
*à droite, à gauche, de l'autre côté.***

Civilisation   Les grands magasins parisiens

À Paris, les grands magasins très connus sont : les Galeries Lafayette, le Printemps,
la Samaritaine, le Bon Marché et le BHV.

1. Qu'est-ce qu'ils vendent ?

Ce sont des magasins de luxe. Ils sont
concurrencés par les hypermarchés
qui vendent des produits moins chers
et de la nourriture et se trouvent en banlieue.

Le BHV a une particularité, le sous-sol est
entièrement consacré aux articles de bricolage.

**2. Parmi ces noms, retrouvez les 6 noms
de couturiers et de créateurs de mode
célèbres :**

Flanelle, Dior, Rocher, Chanel, Alaïa, Gucci,
Ricci, Rochas, Fjord, Vuitton. Tonton.

**3. Les grands magasins
ouvrent du lundi
au samedi
de 9 h (ou 9 h 30)
à 19 h (ou 19 h 30).
Quel jour
de la semaine
a des horaires
différents ?**

HAUSSMANN
40, bd Haussmann 75009 Paris
www.galerieslafayette.com
Tél. Français : 01 42 82 34 56
Tél. Étranger : 01 42 82 36 40
Lundi-Samedi : 9h30 - 19 h 30
Jeudi : 9 h 30 - 21 h

MONTPARNASSE
Centre commercial
Maine-Montparnasse
Tél. : 01 45 38 52 87
Lundi-Samedi : 9 h 45 - 19 h 30

ROISSY
Aéroport CDG 2 - Halls A, B, C, D
Ouvert 7j/7

**4. Un grand débat divise les Français :
l'ouverture des grands magasins le
dimanche ou non ?**

Actuellement, les grands magasins
ne peuvent pas ouvrir le dimanche
ou les jours fériés. Mais, de plus en plus,
certains dimanches (avant Noël par exemple)
et certains jours fériés, le gouvernement
autorise l'ouverture.

**Est-ce qu'il y a un jour de fermeture
obligatoire des magasins dans votre
pays ?**

BILAN
Synthèse

2

<u>Maintenant, vous savez...</u>

A utiliser les pronoms sujets : *je – tu – il, elle – nous – vous – ils, elles* et conjuguer les verbes à toutes les personnes.

Exercice 1 Reliez.

a. Ils	**1.** tournez à droite.
b. Elle	**2.** travailles à la radio ?
c. Vous	**3.** sommes italiens et nous habitons à Turin.
d. Tu	**4.** est étudiante.
e. Nous	**5.** sont françaises.
f. Elles	**6.** vais au cinéma.
g. Il	**7.** sont italiens ou espagnols ?
h. Je	**8.** s'appelle Antonio Machado.

Exercice 2 Conjuguez le verbe entre parenthèses. ➡ Voir le Précis grammatical p. 142

a. Qu'est-ce que vous *(prendre)* ? Le bus ou le métro ?

b. – Ils *(parler)* français ? – Je ne *(penser)* pas.

c. – Comment vous *(s'appeler)* ? – Je *(s'appeler)* Chris Warwick.

d. Je *(aller)* au théâtre. Tu *(venir)* avec moi ?

e. Tu *(être)* étudiant ou tu *(travailler)* ?

f. Je *(être)* musicien de jazz. Vous *(être)* musicien aussi ?

g. Elles *(aller)* à la cafétéria ?

h. Nous *(venir)* pour l'inscription, nous *(être)* des étudiants de première année.

B reconnaître et employer le masculin (M) et le féminin (F), le singulier (SG) et le pluriel (PL) des noms et des adjectifs

Exercice 3 Notez si l'adjectif est M ou F, SG ou PL.

Exemple : *italiennes* : F PL

a. gentille : ...   **b.** gratuite : ...   **c.** beaux : ...   **d.** belle : ...   **e.** directe : ...

f. grands : ...   **g.** françaises : ...   **h.** première : ...   **i.** fatiguée : ...   **j.** blanc : ...

C accorder l'adjectif et le nom

Exercice 4 Entourez la bonne réponse.

a. Les deux chats de la voisine *grec/grecque* de Sophie sont très *beau/beaux*.

b. Chris et Paola sont *grand/grands* et *blonds/blondes*.

c. L'exposition de photo est *gratuit/gratuite*.

d. Victor est très *fatigué/fatigués*.

e. Le secrétariat est *ouvert/ouverte* ? Non, il est *fermé/fermés* le mardi matin.

D utiliser les articles définis *(le, la, l', les)* et indéfinis *(un, une, des)*

Exercice 5 Défini ou indéfini ? Complétez.

a. – Bonjour, monsieur. Je cherche … salle. – Quelle salle ? – … salle 213.

b. Je voudrais … billet pour Nantes, s'il vous plaît.

c. – Vous aimez … théâtre ? – Oui mais je préfère … cinéma.

d. – Vous avez … enfants ? – Oui, j'ai deux filles.

e. C'est Nikos, … bébé de Mélina.

f. Ils prennent … train de 8h à Montparnasse.

g. Dans mon sac, il y a … carte bleue, … passeport et … photos.

Exercice 6 Défini ou indéfini ? Choisissez.

a. Vous avez – *des amis français ? – les amis français ?*

b. Je vous présente Yukiko, – *une amie japonaise. – l'amie japonaise.*

c. Moi, j'adore – *une littérature française – la littérature française*

d. Quelle est – *une capitale – la capitale du Costa-Rica ?*

e. Je voudrais – *un café – le café, s'il vous plaît.*

f. Vous connaissez – *un musée d'Orsay – le musée d'Orsay ?*

E utiliser certains mots interrogatifs

Exercice 7 Reliez une question et une réponse.

a. Où tu vas ?

b. C'est à quelle heure ?

c. Est-ce que c'est encore loin ?

d. D'où venez-vous ?

1. À dix heures, le mercredi et le vendredi.

2. Moi, je viens du labo et elle de la bibliothèque.

3. Non, c'est tout près.

4. Au cinéma. Tu viens avec moi ?

F utiliser l'article devant un nom de pays ; indiquer la destination ou l'origine et utiliser la préposition qui convient.

Exercice 8 Le genre des noms de pays. À quel pays correspond cette capitale :

Rappel : sauf quelques exceptions, tous les noms de pays ont un article : *le, la* ou *l'*

a. Madrid : …

b. Budapest : …

c. La Havane : …

d. Le Caire : …

e. Séoul : …

f. Washington : …

g. Copenhague : …

h. Buenos Aires : …

I. Ankara : …

Exercice 9 Préposition et nom de pays. Complétez avec *à, au, aux* ou *en.*

a. L'été prochain, je pars en vacances … Chili, … Pérou, … Bolivie ou … Équateur. Je veux perfectionner mon espagnol. Et toi ?

b. Moi, mon problème, c'est l'anglais ! L'été prochain, je passe deux mois … Irlande, … États-Unis ou … Angleterre. Ou … Nouvelle-Zélande ou … Australie mais c'est loin !

Vers le DELF

A1

Compréhension orale

🎧 **Écoutez et complétez la fiche.**

> NOM : THOMAS
>
> Prénom : ...
>
> Lieu de départ : ...
>
> Lieu d'arrivée : ...
>
> Date et heure de départ : ...
>
> Date et heure d'arrivée : ...
>
> N° de référence : ...

Expression orale

Larissa habite à Moscou. Elle veut venir en voiture à Lisbonne au Portugal. Regardez la carte d'Europe et expliquez son itinéraire direct.

Compréhension écrite

Mettez les phrases dans l'ordre chronologique.

a. Elle donne beaucoup d'informations sur le cours : le jour, l'heure, le numéro de la salle, le bâtiment.

b. Thomas et Susana sont étudiants en première année et ne connaissent pas bien le système universitaire.

c. Ils arrivent au secrétariat. La secrétaire est très gentille.

d. Ils viennent à l'université pour l'inscription.

Expression écrite

Expliquez votre emploi du temps :

De lundi à vendredi ....

....

Le week-end, ...

....

unité

3

Poser des questions

Au marché

1 LE VENDEUR : Bonjour, mademoiselle. Alors, qu'est-ce que vous prenez aujourd'hui ?

MARION : Je voudrais un melon, s'il vous plaît. C'est combien ?

LE VENDEUR : Deux euros dix pièce. Ils sont excellents.

MARION : D'accord. Alors, un melon, un kilo de carottes, des tomates…

LE VENDEUR : Vous voulez combien de tomates ? Deux kilos ? C'est trois euros les deux kilos…

MARION : Non, un kilo, ça suffit, merci.

2 LE VENDEUR : Et avec ça ? Vous voulez de la salade ?
Des avocats ? Ils sont superbes et ce n'est pas cher.
Ou des épinards ? C'est bon pour la santé.

MARION : Une salade, s'il vous plaît. Est-ce que vous avez des kiwis ?

LE VENDEUR : Ah non, il n'y a pas de kiwis aujourd'hui. Mais j'ai des pommes, des poires, des…

MARION : Non, merci. C'est tout. Ça fait combien, s'il vous plaît ?

LE VENDEUR : Alors… Un melon, deux euros dix. Les carottes, un euro trente.
Les tomates, un euro quatre-vingt. La salade, soixante-dix centimes.
En tout, ça fait cinq euros quatre-vingt-dix.

MARION : Voilà. Au revoir, monsieur.

LE VENDEUR : Eh mademoiselle ! Et la monnaie ? Dix centimes.

MARION : Ah oui. Merci. Au revoir.

🎧 **Phonétique, rythme et intonation**

1. La discrimination [ɛ] / [e].
Écoutez. Répétez.
a. Qu'est-ce que vous voulez ?
b. Je voudrais des pommes, s'il vous plaît. **c.** C'est cher ? **d.** Et avec ça ? **e.** C'est tout. **f.** Ça fait sept euros. **g.** C'est excellent.

2. Intonation et groupes de souffle.
Écoutez. Répétez.
a. Un melon – Un melon, s'il vous plaît. – Je voudrais un melon, s'il vous plaît.
b. Et avec ça ? – Et avec ça ? De la salade ? – Et avec ça ? De la salade ? Elle n'est pas chère !

Pour communiquer
• Je voudrais…
• Voilà
• Eh, mademoiselle

Écoutez, lisez, comprenez

Noms/pronoms

- un avocat (légume)
- une carotte
- un centime
- des épinards
- un euro
- un kilo(gramme)
- un kiwi
- le marché
- un melon
- la monnaie
- une poire
- une pomme
- du raisin
- une salade
- une tomate

Adjectifs

- cher, chère
- excellent(e)
- superbe

Verbes

- prendre (acheter)
- vouloir

Locution verbale

- c'est + nombre

Mots invariables

- ça
- combien

Manière de dire

- pièce (par unité)
- Et avec ça ? (qu'est-ce que vous voulez de plus ?)
- C'est tout, merci
- Je voudrais… (pour demander quelque chose)
- Ça fait combien ?
- En tout, ça fait … euros
- Ça suffit
- 1, 90 : un euro quatre-vingt-dix ou un euro et quatre-vingt-dix centimes

1 Regardez les dessins et cochez ce que Marion achète. Écrivez.

☐ .... ☐ .... ☐ .... ☐ .... ☐ ....

☐ .... ☐ .... ☐ .... ☐ ....

2 Devinettes

a. Marion prend un melon,
deux kilos de carottes,
deux kilos de tomates,
une salade et un kilo de poires.
En tout, ça fait 9,70 euros.
Question : un kilo de poires,
c'est combien ? …

b. Chris prend trois kilos de raisin
et un kilo de pommes (2,10 euros
le kg). Il donne 10 euros. La monnaie ?
0,70 centimes.
Question : un kilo de raisin, c'est combien ? …

3 🎧 Exercice de discrimination. Affirmation (.), interrogation (?) ou exclamation (!) ? Écoutez et cochez la phrase entendue.

1. ☐ a. Les tomates, c'est cher ?   ☐ b. Les tomates, c'est cher !

2. ☐ a. C'est deux euros les trois kilos !   ☐ b. C'est deux euros les trois kilos ?

3. ☐ a. C'est bon pour la santé !   ☐ b. C'est bon pour la santé.

4. ☐ a. Et une petite salade ?   ☐ b. Et une petite salade.

5. ☐ a. Dix euros trente.   ☐ b. Dix euros trente !

4 Mettez les mots dans l'ordre. Puis écrivez les phrases.

a. avez – des – est-ce que – poires – vous – ? …

b. voudrais – salade – Je – une …

c. voudrais – salade – deux – de – kilos – Je - une – tomates – et …

d. excellents – avocats – les – sont …

e. excellents – n'est pas – avocats – et – sont – cher – ce – les …

Grammaire et vocabulaire

CONJUGAISON

Vouloir   *je veux – tu veux – il/elle veut – nous voulons – vous voulez – ils/elles veulent*

C'EST : ON RÉCAPITULE !

C'est une étudiante française. – C'est moi !   **C'est + nom ou pronom tonique**

C'est combien ? – C'est où ?   **C'est + mot interrogatif**

C'est un euro – C'est trois euros   **C'est + un nombre**

C'est loin ? – Non, c'est tout près !   **C'est + adverbe**

Les épinards, c'est bon pour la santé.   **C'est + adjectif (toujours singulier)**
Les avocats, ce n'est pas cher.

Attention à la différence *Les épinards sont bons pour la santé* **mais** *Les épinards, c'est bon pour la santé.*
Les avocats ne sont pas chers **mais** *Les avocats, ce n'est pas cher.*

LES ARTICLES PARTITIFS : DU, DE LA, DE L', DES (1)

Regardez la différence.

- Ils indiquent une quantité indéterminée de quelque chose qu'on ne peut pas compter exactement (une partie de quelque chose) : *Je voudrais du raisin.*

- Ils se mettent devant **un nom de matière** : *de l'eau* ou **un nom abstrait** : *de la chance !*

*Il mange **un** poulet.*   *Il mange **du** poulet.*

Exercice 1

Répondez à la forme négative.

a. Vous avez de la salade verte ?

b. Il y a des épinards aujourd'hui ?

c. Tu prends des tomates ?

d. Vous avez la monnaie, s'il vous plaît ?

LES ARTICLES PARTITIFS ET LA NÉGATION PAS DE... (D')

Il n'y a pas de kiwis aujourd'hui !

➡ Voir le Précis grammatical p. 137

Exercice 2

Les nombres de 60 à 100.
Complétez. Écrivez.

61 : soixante et un – **62** : soixante-deux –

63 : soixante-trois …

70 : soixante-dix – **71** : soixante et onze –

72 : soixante-douze – **73** : soixante-treize …

80 : quatre-vingts – **81** : quatre-vingt-un –

82 : quatre-vingt-deux – **83** : quatre-vingt-trois …

90 : quatre-vingt-dix – **91** : quatre-vingt-onze –

92 : quatre-vingt-douze – **93** : quatre-vingt-treize …

100 : cent

Attention : deux euros **le kilo** – trois euros cinquante **les deux kilos** – deux euros dix **pièce** – deux euros **les trois avocats**

Attention : **61** : soixante **et** un   **71** : soixante et onze **mais 81** : quatre-vingt-un et **91** : quatre-vingt-onze

---

Exercice 3

Classez du plus petit au plus grand.

soixante-treize / soixante-dix / soixante-dix-sept / soixante-neuf / quatre-vingt-un / quatre-vingt-dix-huit / soixante-cinq /

À vous !

1 Qu'est-ce que vous aimez ? Cochez les bonnes réponses. Cherchez les mots inconnus dans le dictionnaire. Ajoutez les fruits et les légumes que vous voulez.

LÉGUMES
☐ les asperges ☐ les carottes ☐ les choux ☐ les courgettes
☐ les épinards ☐ les haricots verts ☐ les pommes de terre ☐ les tomates

FRUITS
☐ les abricots ☐ les ananas ☐ les bananes ☐ les kiwis
☐ les pêches ☐ les poires ☐ les pommes ☐ les oranges

2 **Jeu de rôles**

Avec cette liste, vous allez au marché.
Vous parlez avec le vendeur.

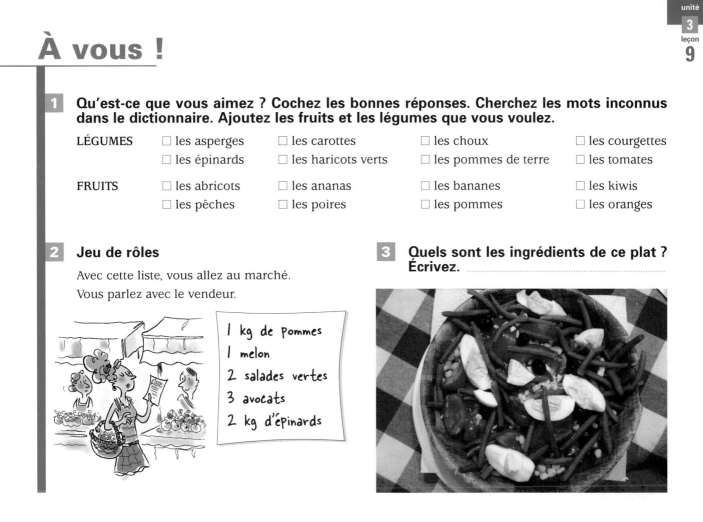

1 kg de pommes
1 melon
2 salades vertes
3 avocats
2 kg d'épinards

3 **Quels sont les ingrédients de ce plat ? Écrivez.** ....

Civilisation — Le petit déjeuner des Français

Le matin, les Français en général ne mangent pas beaucoup. Ils ne prennent pas toujours le petit déjeuner en famille.

Ils boivent du café ou du thé et mangent des tartines avec du beurre et de la confiture.

Beaucoup de Français prennent seulement un café, un thé… ou rien du tout ! Les enfants boivent du chocolat, ils mangent des tartines et quelquefois des céréales.

Le week-end, les Français ont plus de temps : ils achètent souvent des croissants, ils mangent un yaourt, un fruit…

**Et vous, à quelle heure vous prenez le petit déjeuner ?
Qu'est-ce que vous prenez le matin ?**

On déjeune ici ?

Écoutez

1 YUKIKO : On déjeune ici ?

CHRIS : D'accord.

LE SERVEUR : Bonjour, messieurs-dames. Vous déjeunez dedans ou dehors ?

CHRIS : *(à Yuki)* On mange dedans, non ? *(au serveur)* Dedans, s'il vous plaît.

LE SERVEUR : Une minute. J'arrive ! Tenez, voilà la carte.

2 CHRIS : Il y a un menu à 14,80 euros. Ça va. Qu'est-ce que tu prends comme entrée ?

YUKIKO : Qu'est-ce qu'il y a ?

CHRIS : Il y a du pâté, du saucisson, des tomates…

YUKI : Du pâté pour moi. Et pour toi ?

CHRIS : Moi, je prends une salade de tomates. Et du poisson. C'est le plat du jour.

YUKI : Oui, moi aussi, je voudrais du poisson.

3 LE SERVEUR : Alors, qu'est-ce que vous désirez ?

CHRIS : D'abord, du pâté et une salade de tomates. Et deux plats du jour.

LE SERVEUR : Et comme boisson ? du vin ? de l'eau ?

CHRIS : Qu'est-ce que tu veux, Yuki ? On prend du vin blanc ?

YUKI : Oui, bonne idée !

CHRIS : Alors, une demi-bouteille de muscadet. Et de l'eau, s'il vous plaît. Une carafe d'eau.

LE SERVEUR : Très bien.

4 LE SERVEUR : Fromage ou dessert ? Nous avons de la salade de fruits, des glaces, des gâteaux…

YUKI : Une glace au chocolat pour moi, s'il vous plaît.

LE SERVEUR : Et pour monsieur ? une glace aussi ?

CHRIS : Non, merci. Un café seulement. Tu prends un café, Yuki ?

YUKI : Non, merci. Je n'aime pas le café.

CHRIS : Alors, une glace et un café. Et l'addition, s'il vous plaît.

5 LE SERVEUR : Alors, deux menus, une demi-bouteille de muscadet, un café… Ça fait quarante-trois euros soixante. Service compris. Vous payez comment, monsieur ? par carte ? en liquide ?

🎧 Phonétique, rythme et intonation

1. La discrimination [b] / [p]
Écoutez. Répétez.
a. Un bébé
b. Et comme boisson ?
c. De la bière ? du vin ?
d. Deux plats du jour, s'il vous plaît.
e. Vous payez par carte ?

2. Intonation et groupes de souffle
Écoutez. Répétez.
a. Qu'est-ce que tu prends ? – Qu'est-ce que tu prends comme entrée ?
b. Nous avons des fruits… – Nous avons des fruits, des glaces…

Pour communiquer
• Bonjour, messieurs-dames
• Alors…

Noms/pronoms

- l'addition
- une boisson
- une bouteille
- un café
- une carafe
- une carte
- du chocolat
- un dessert
- de l'eau
- une entrée
- du fromage
- un fruit
- un gâteau
- une glace
- un menu
- une minute
- du muscadet (vin blanc)
- on
- du pâté
- un plat du jour
- du poisson
- une salade (de fruits, de tomates)
- du saucisson
- le service
- du vin

Adjectifs

- blanc, blanche
- demi(e)

Verbes

- désirer
- manger
- payer
- prendre (manger)

Mots invariables

- comme
- dedans, dehors
- ou
- seulement

Manière de dire

- Ça va (c'est bien)
- Tenez !
- Bonne idée !
- L'addition, s'il vous plaît (ça fait combien ?)
- Ça fait + prix (ça fait 43,60 euros)
- Payer en liquide (payer cash)

Écoutez, lisez, comprenez

1 **Vrai (V) ou Faux (F) ?**

a. Yuki invite Chris au restaurant. V F

b. Ils préfèrent manger dehors. V F

c. Le vin est compris dans le prix du menu. V F

d. Yuki ne prend pas de café. V F

2 **Cochez la bonne réponse.**

a. Le menu est à : ☐ 10 euros ☐ 14,80 euros ☐ 16,50 euros

b. Yuki prend : ☐ du pâté, du poisson et une tarte aux pommes
☐ du saucisson, du poisson et une glace
☐ du pâté, du poisson et une glace

c. Le service : ☐ est compris dans l'addition
☐ n'est pas compris dans l'addition

d. Le plat du jour est : ☐ du poisson ☐ un steak frites ☐ de la paella

3 🎧 **Écoutez le dialogue et cochez ce que vous entendez.**

Menu à 14 euros (SNC*)

Entrées		Plat		Fromage	☐
Sardines à l'huile	☐	Paella	☐	ou **Dessert**	
Salade de tomates	☐	Steak frites	☐	Gâteau au chocolat	☐
Salade grecque	☐	Saucisses frites	☐	Tarte aux pommes	☐
Pâté de campagne	☐	Omelette salade	☐	Crème à la vanille	☐
Saucisson sec	☐	Poisson grillé	☐	Glaces	☐

*SNC : service non compris

4 **Quel est l'ordre logique de ces actions ?**

a. Payer ... d. Manger ...

b. Arriver ... e. Regarder le menu ...

c. Demander l'addition ... f. Prendre un café ...

On va chez ma copine ?

Écoutez

1 ÉRIC : Je dîne chez mon amie. Tu viens avec moi ?

THOMAS : Ton ami-i ou ton amie-ie ?

ÉRIC : Mon amie-ie. Tu viens ? Elle est sympa.

THOMAS : Oui, pourquoi pas ? Elle habite seule ?

ÉRIC : Non, elle habite avec sa sœur, Rosa.

THOMAS : Elle est comment ?

ÉRIC : Qui ? Ma copine ou sa sœur ?

THOMAS : Ta copine, bien sûr ! Brune ? blonde ?

ÉRIC : Brune, grande, mince, jolie… Elle s'appelle Susana mais moi, je l'appelle Suzy.
Euh… Elle est argentine. Elle étudie la littérature française à Paris.

THOMAS : Son nom, c'est Ricci ? Susana Ricci ?

ÉRIC : Oui.

THOMAS : Susana, c'est ton amie !

ÉRIC : Tu la connais ?

THOMAS : Bien sûr, elle est dans mes cours. Je l'aime bien. Elle est sympa. D'accord, on va chez elle. On l'appelle ? J'ai son numéro de portable.

ÉRIC : Moi aussi, je l'ai ! Non ! C'est une surprise ! Allez, viens ! On y va !

2 ÉRIC : Suzy ? C'est moi, Éric. Tu ouvres ? J'ai une surprise pour toi !

3 SUZY : Alors, ta surprise, qu'est-ce que c'est ? Un livre ? Des fleurs ? Euh !

ÉRIC : Non, ce n'est pas quelque chose. C'est quelqu'un.

SUZY : Quelqu'un ? Qui c'est ? Ça alors ! Thomas ! Qu'est-ce que tu fais là !? Éric, tu connais Thomas ?

ÉRIC : Bien sûr, je le connais !

🎧 Phonétique, rythme et intonation

1. Rythme Écoutez. Répétez.
Qu'est-ce que c'est ? (3)
Alors, qu'est-ce que c'est ? (2/3)
Alors, ta surprise, qu'est-ce que c'est ? (2/3/3)

2. Intonation de surprise Écoutez. Répétez.
Quelqu'un ?
Qui c'est ?
Ça alors !

3. Enchaînement Écoutez. Répétez.
C'est ton_amie ?
On va chez mon_amie.
Allez, on_y va.
On_étudie l'informatique.
On_est dans_un cours d'informatique.

Écoutez, lisez, comprenez

Noms/pronoms
- un(e) ami(e)
- un copain
- une copine
- une fleur
- l', la, le
- la littérature
- un livre
- un nom
- un numéro
- un portable
- une sœur
- une surprise

Adjectifs
- argentin(e)
- joli(e)
- ma, mon
- mince
- sa, son
- sympa (sympathique)
- ta, ton

Verbes
- appeler quelqu'un (téléphoner à quelqu'un)
- connaître
- dîner
- étudier
- ouvrir

Mots invariables
- quelque chose (pour les choses)
- quelqu'un (pour les personnes)
- qui ?
- y

Pour communiquer
- Euh !
- Ça alors !
- Bien sûr !

Manière de dire
- Pourquoi pas ?
- Elle est comment ?
- Allez, viens !
- Qu'est-ce que tu fais là ?

---

1 **Vrai (V) ou Faux (F) ?**

a. Susana habite avec sa sœur. V F

b. Éric est le copain de Rosa. V F

c. Susana est petite et brune. V F

d. Susana connaît bien Thomas. V F

2 🎧 **Écoutez et cochez ce que vous entendez.**

☐ a. Avec mon amie Susana, on va au restaurant. Tu viens ?

☐ b. Je dîne chez mon amie Susana. Tu viens ou tu vas au restaurant ?

☐ c. Je vais chez mon amie Susana. On dîne au restaurant. Tu viens ?

3 🎧 **À quelle image correspond chaque dialogue ?**

A   B   C

4 🎧 **Écoutez encore une fois le dialogue de la leçon. Lisez ce texte et corrigez les erreurs (il y a cinq erreurs).**

Susana et Rosa sont deux amies. Elles habitent en Argentine. Susana est l'amie d'Éric. Il ne l'appelle pas Susana, il l'appelle Sue. Elle est blonde, grande et mince, jolie. Elle va à l'université. Thomas la connaît : elle habite dans son immeuble.

5 **Lisez et répondez aux questions avec des phrases complètes.**

> Mon cher Marc,
> Éric et Thomas viennent à la maison dimanche.
> Il y a une petite fête pour ma sœur Rosa.
> Elle a 23 ans dimanche !
> Tu viens avec ta copine ?
> Je t'embrasse,
> Susana

1. À votre avis, Susana est l'amie de Marc ou l'amie de la copine de Marc ? …

2. Elle l'invite à dîner tout seul ? …

3. C'est l'anniversaire de Susana ? …

Grammaire et vocabulaire

CONJUGAISON

Connaître

Je connais – Tu connais – Il/elle/on connaît – Nous connaissons – Vous connaissez – Ils/elles connaissent

Rappel : **on = nous**
Susana et moi, on est très amis.   Thomas, tu viens ? On va chez Susana.

Exercice 1

Répondez comme dans l'exemple.

Exemple : Susana, c'est la copine d'Éric ?
      Oui, c'est sa copine.

a. Thomas, c'est l'ami d'Éric ? …

b. Susana, c'est l'amie d'Éric ? …

c. Éric, c'est ton copain ? …

d. Suzy, c'est la sœur de Rosa ? …

LES ADJECTIFS POSSESSIFS (1)

*une sœur → **ma** sœur, **ta** sœur, **sa** sœur*
*un copain → **mon** copain, **ton** copain,*
***son** copain*

Attention si le nom féminin commence par une voyelle :
ma → mon, ta → ton, sa → son
une amie → **mon** amie, **une** école → **mon** école
des copains → **mes** copains, **tes** copains, **ses** copains
des copines → **mes** copines, **tes** copines, **ses** copines

---

PRÉPOSITIONS + PRONOMS TONIQUES

– Tu viens avec moi ? – J'ai rendez-vous avec Susana.
– On va chez elle ? – Non, chez Thomas.
– Elle habite avec lui ? – Mais non, son copain, c'est Éric !

avec moi – toi – lui – elle
chez moi – toi – lui – elle

Exercice 2

Posez la question avec *Qu'est-ce que c'est ?* ou *Qui c'est ?*

a. … ? C'est un ami japonais, Kazuo.

b. … ? C'est Rosa, la sœur de Suzy.

c. … ? C'est une surprise pour toi.

d. … ? C'est le bâtiment A.

QU'EST-CE QUE C'EST ? → QUELQUE CHOSE
QUI C'EST ? ou C'EST QUI ? → QUELQU'UN

Qu'est-ce que c'est ? → un cadeau
Qui est-ce ? → Rosa, ma sœur.
Attention : *C'est qui ?* est plus familier.
    Qui est-ce ? est un peu plus formel.

Exercice 3

Le, la ou l' ? **Complétez.**

a. Et Rosa ? Thomas … connaît ?

b. Mon nom est Hansen. Je … épelle : HANSEN.

c. – On appelle les copains de Bruno ?
    – D'accord, on … appelle.

d. Où est Éric ? Je … cherche.

e. On va chez Susana ? On … appelle ?

LES PRONOMS COMPLÉMENTS
D'OBJET DIRECT (1)

*Je connais Susana → Je **la** connais.*
*Je connais Thomas → Je **le** connais.*
*Susana et Thomas, je **les** connais*
*et je **les** aime bien.*

Attention *J'aime bien Susana*
  *→ Je **l'**aime bien.*
J'aime bien Thomas
  *→ Je **l'**aime bien.*

Y

– On va chez elle. – D'accord, on y va !   *On y va ! → Y = chez Susana*

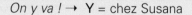

À vous !

1 **Trouvez une question possible. Attention, regardez bien le pronom !**

a. – ... ? – Non, je ne le connais pas.

b. – ... ? – Oui, je l'aime bien.
   Elle est très sympa.

c. – ... ? – Je les connais bien, elles sont dans mon cours de français.

d. – ... ? – Elle est grande, brune, jolie...

2 **Nationalités : on récapitule !**

Susana et sa sœur sont argentines. Éric est français, Thomas est suisse. Et les autres ?

Voici une liste de pays. Quelle est la nationalité correspondante ?

– *la Belgique* → les Belges – *l'Allemagne* → les Allemands – *le Mexique* → les Mexicains – *le Japon* → les Japonais
– *la Grèce* → les Grecs – *le Danemark* → les Danois – *l'Italie* → les Italiens
– *la Chine* → ... – *la Colombie* → ... – *l'Espagne* → ... – *le Maroc* → ... – *la Pologne* → ... – *la Russie* → ...
– *la Turquie* → ...

3 **Lisez à nouveau le mot de Susana à Marc page 63, exercice 5. Sur le même modèle, vous écrivez un mot à une amie française pour l'inviter à dîner chez vous.**

Civilisation — Téléphone fixe, téléphone portable, internet...

C'est entre 1975 et 1980 qu'on installe le téléphone partout. Aujourd'hui, presque 100 % des Français ont le téléphone à la maison. Les numéros de téléphone ont toujours dix chiffres. Les deux premiers chiffres indiquent la région. 01 : Paris et la région parisienne, 02 : l'Ouest, 03 : l'Est, 04 le Sud-Est, 05 le Sud-Ouest.

Attention : si vous appelez à partir d'un autre pays, pas de 0 ! Par exemple, si vous voulez appeler un numéro à Paris, faites le 00-33 – 1 –. ... ... ; à Marseille, le 00 – 33 – 4 – ... ...

Et le portable ? Aujourd'hui, il y a presque cinquante millions de portables en France pour soixante millions d'habitants. Les numéros des portables commencent par 06 ou 07.

Et internet ? Aujourd'hui, se connecter à internet est très courant, surtout chez les jeunes : par exemple, presque tous les étudiants ont une adresse internet.

Question : êtes-vous pour ou contre l'utilisation des téléphones portables dans les lieux publics (université, poste, trains, métros, bus, restaurants...) ? Proposez des arguments.

Chez Susana

1 SUSANA : Entrez, entrez… Donnez vos manteaux. Thomas, ma sœur Rosa. Rosa, Thomas, un copain de la fac. Et Éric. Mais lui, tu le connais déjà.

THOMAS : C'est grand, chez vous !

SUSANA : C'est l'appartement de nos grands-parents. Maintenant, ils vivent en Provence. Notre mère est française.

THOMAS : Ah ! C'est pour ça que tu n'as pas d'accent ! Mais… votre père ? Lui, il est argentin ?

SUSANA : Oui. Nous avons les deux nationalités.

THOMAS : Vous avez de la chance.

SUSANA : Rosa, montre l'appartement à Thomas. Éric, tu m'aides à mettre la table ?

ÉRIC : D'accord.

2 ROSA : Alors, ici, c'est le séjour. La cuisine à côté, là. À gauche, c'est la chambre de Susana. Là, ma chambre. Et la salle de bains au milieu. Il y a trois pièces. Pour nous, c'est parfait ! Mais il n'y a pas d'ascenseur, hélas !

3 SUSANA : À table !
Ça y est, c'est prêt.

THOMAS : Hum !
Ça sent bon !
Qu'est-ce que c'est ?

SUSANA : Ah ah !
C'est une surprise !

🎧 Phonétique, rythme et intonation

1. Phonétique : les lettres « muettes » : la suppression du [e]. Écoutez et répétez.

a. Éric ? Tu l(e) connais déjà.

b. Vous avez d(e) la chance.

c. Et voilà l(e) séjour !

d. – Un p(e)tit porto, s'il te plaît.

2. Écoutez et répétez sans vous arrêter entre les mots.

a. C'est un copain de la fac (6)

b. Ma mère est française (5)

c. C'est un grand séjour (5)

Écoutez, lisez, comprenez

Noms/ pronoms

- **un accent**
- **un appartement**
- **un ascenseur**
- **une chambre**
- **une cuisine**
- **la fac (la faculté, l'université)**
- **les grands-parents**
- **un manteau**
- **la mère, le père : les parents**
- **la nationalité**
- **une pièce**
- **une salle de bains**
- **un séjour (ou : une salle de séjour)**

Adjectifs

- **notre, nos**
- **parfait(e)**
- **prêt(e)**
- **votre, vos**

Verbes

- **aider**
- **donner**
- **montrer**
- **sentir**
- **vivre**

Mots invariables

- **au milieu**
- **déjà**

Manière de dire

- **C'est pour ça que...** (pour donner une explication)
- **Vous avez de la chance !**
- **Mettre la table**
- **Ça y est !**
- **À table !**
- **Ça sent bon**

- **maintenant**

Pour communiquer

- **Hélas !** (malheureusement)

1 🎧 Écoutez le dialogue et répondez par vrai (V), faux (F) ou par « le texte ne le dit pas » (?).

a. Rosa et Susana habitent chez leurs parents.   V   F   ?

b. Il y a trois pièces dans l'appartement.   V   F   ?

c. Rosa et Éric mettent la table.   V   F   ?

d. L'appartement est au 3e étage.   V   F   ?

e. La mère de Susana habite en Argentine.   V   F   ?

f. Le père de Rosa et de Susana est argentin.   V   F   ?

g. Thomas aime la cuisine argentine.   V   F   ?

h. Susana fait un plat argentin.   V   F   ?

2 **Répondez.**

Susana parle très bien français, elle n'a pas d'accent. Pourquoi ? ...

Susana et Rosa ne paient pas leur appartement, il est gratuit. Pourquoi ? ...

3 **Les grands-parents de Susana habitent en Provence. Regardez la carte de France et entourez la bonne réponse ou les bonnes réponses**

a. La Provence est dans
le nord – l'est – le sud-est – le sud-ouest de la France.

b. Les grandes villes de Provence sont
Marseille – Toulouse – Aix – Avignon – Bordeaux.

c. La Provence est près de
la mer Méditerranée – la mer du Nord – l'océan Atlantique – la Manche.

d. En Provence, il y a un festival de théâtre célèbre :
le Festival de Bourges – le Festival d'Avignon – le Festival de La Rochelle.

4 **Quel est le plan de l'appartement de Susana et de Rosa ?**

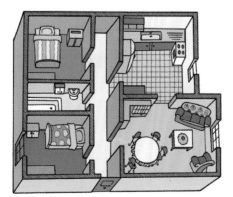
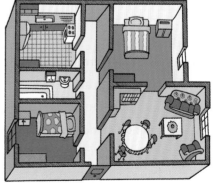

Plan A   Plan B

Grammaire et vocabulaire

Exercice 1

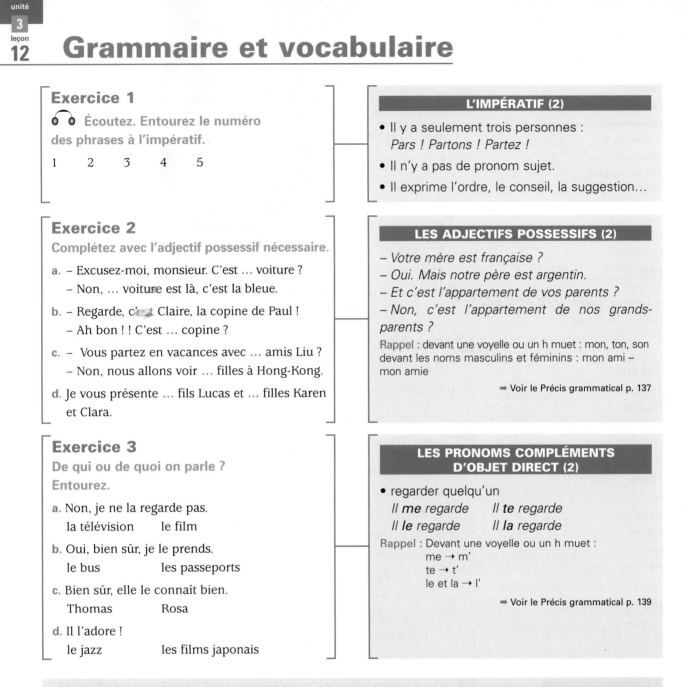

Écoutez. Entourez le numéro des phrases à l'impératif.

1   2   3   4   5

L'IMPÉRATIF (2)

- Il y a seulement trois personnes :
  Pars ! Partons ! Partez !
- Il n'y a pas de pronom sujet.
- Il exprime l'ordre, le conseil, la suggestion…

Exercice 2

Complétez avec l'adjectif possessif nécessaire.

a. – Excusez-moi, monsieur. C'est … voiture ?
  – Non, … voiture est là, c'est la bleue.

b. – Regarde, c'est Claire, la copine de Paul !
  – Ah bon ! ! C'est … copine ?

c. – Vous partez en vacances avec … amis Liu ?
  – Non, nous allons voir … filles à Hong-Kong.

d. Je vous présente … fils Lucas et … filles Karen et Clara.

LES ADJECTIFS POSSESSIFS (2)

– *Votre mère est française ?*
– *Oui. Mais notre père est argentin.*
– *Et c'est l'appartement de vos parents ?*
– *Non, c'est l'appartement de nos grands-parents ?*

Rappel : devant une voyelle ou un h muet : mon, ton, son devant les noms masculins et féminins : mon ami – mon amie

➡ Voir le Précis grammatical p. 137

Exercice 3

De qui ou de quoi on parle ?
Entourez.

a. Non, je ne la regarde pas.
  la télévision   le film

b. Oui, bien sûr, je le prends.
  le bus   les passeports

c. Bien sûr, elle le connaît bien.
  Thomas   Rosa

d. Il l'adore !
  le jazz   les films japonais

LES PRONOMS COMPLÉMENTS D'OBJET DIRECT (2)

- regarder quelqu'un
  Il *me* regarde   Il *te* regarde
  Il *le* regarde   Il *la* regarde

Rappel : Devant une voyelle ou un h muet :
  me → m'
  te → t'
  le et la → l'

➡ Voir le Précis grammatical p. 139

LES ARTICLES PARTITIFS AVEC LES NOMS « NON COMPTABLES » ET ABSTRAITS (3)

– *Nous avons deux langues, deux cultures, deux nationalités.* – *Vous avez **de la** chance !*

Exercice 4

Répondez à la forme négative.

a. Vous voulez un café ? …

b. Thomas prend un porto ? …

c. Yuki boit du café ? …

d. Les voisins de Sophie ont un chien ? …

e. Il y a du raisin au marché ? …

NÉGATION + INDÉFINI OU PARTITIF

1. un, une, des → *pas de (d')*
   *Susana a **un** accent espagnol ?*
   → *Non, elle n'a **pas d'**accent.*
   *Il y a **un** ascenseur chez Susana ?*
   → *Non, il n'y a **pas d'**ascenseur.*

2. du, de la, des → *pas de (d')*
   *Tu veux **du** porto ?*
   → *Non, je ne bois **pas de** porto.*
   *Tu veux **de la** bière ?*
   → *Merci. **Pas de** bière pour moi.*

À vous !

1 Trouvez un contexte pour les expressions suivantes. Vous pouvez expliquer la situation avec des mots ou avec des gestes.

a. Oh là là, ça ne sent pas bon !

b. Allez, à table !

c. Vous avez de la chance !

d. Ça alors ! C'est extraordinaire !

2 **Jeu de rôles**

Quelqu'un vient vous rendre visite.
Vous le recevez, vous lui proposez quelque chose à boire ou à manger.

3 Faire au tableau le plan d'un appartement.

a. Un élève est au tableau, il explique le plan de son appartement et en même temps il le dessine au tableau.

b. Un peu plus difficile : un élève va au tableau. Un autre élève lui donne des informations sur son appartement pour qu'il le dessine et corrige si c'est nécessaire.

Civilisation   Être invité chez quelqu'un

■ **Si vous êtes invité chez des amis français, attention !**

a. Une famille française vous invite à dîner chez elle. On vous dit :
« Venez vers huit heures »
Vous arrivez à quelle heure ?

19 h 45 ☐
20 h ☐
20 h 15 ☐

b. Qu'est-ce que vous apportez ?

un parfum pour la dame ☐
des fleurs ☐
rien ☐

c. Vous partez

juste après le dîner ☐
vers 23 h ☐
vers 5 h du matin ☐

d. Si on vous propose de visiter l'appartement

vous acceptez ☐
vous refusez ☐

Regardez les réponses en bas de la page et comparez avec la situation dans votre pays.

Chez vous ...

a. À quelle heure on arrive ?

b. À quelle heure on part ?

c. Qu'est-ce qu'on apporte ?

d. On peut visiter l'appartement ?

Réponses : a. On arrive toujours un peu **après** l'heure, jamais avant, c'est trop personnel. Des fleurs. **b.** pas de parfum, c'est trop personnel. Des fleurs. **c.** En général, on part vers 23 h, ni trop tôt ni trop tard. **d.** Vous acceptez, c'est une marque de confiance.

BILAN
Synthèse
3

Maintenant, vous savez...

A utiliser les pronoms compléments d'objet direct *le, la, l'*

Exercice 1 À quoi ou à qui correspond le pronom souligné ?
Cochez la bonne réponse.

a. Je l'ai, le voilà. ☐ le billet de train ☐ les billets de train ☐ des billets de train

b. Je l'adore ☐ des amis italiens ☐ une amie italienne ☐ les fleurs

c. Je ne la connais pas. ☐ Françoise ☐ David ☐ les Durand

d. Je le prends. ☐ le train ☐ de la salade ☐ la tomate

e. Je l'aime beaucoup. ☐ des amis français ☐ mes amis français ☐ mon ami Hervé

B utiliser les partitifs : *du, de la, de l', des*

Exercice 2 Répondez en utilisant un partitif.

a. – Qu'est-ce qu'il y a dans le menu ? – Il y a … salade de tomates ou … saucisson.

b. – Au marché, qu'est-ce que Marion achète ? – Elle prend … tomates, … poisson et
… salade.

c. – Vous prenez un dessert ? une glace ? une tarte ? –Non, merci. Je voudrais … fromage,
s'il vous plaît.

d. – Qu'est-ce que vous voulez comme boisson ? – … l'eau et … vin, s'il vous plaît.

e. – Qu'est-ce que tu veux, Thomas ? … vin ? … bière ? – Non, merci. Pas d'alcool
pour moi. … eau, s'il te plaît.

C utiliser la forme négative (suite)

Exercice 3 Répondez par une phrase négative. Attention : *pas* ou *pas de…* ?

a. – Vous voulez du vin blanc ? – Non merci, …

b. – Vous aimez le chocolat blanc ? – Non, …

c. – Vous avez un château ? – Non, hélas ! …

d. – Il y a un ascenseur chez Susana ? – Non, …

D utiliser l'impératif

Exercice 4 Dans les consignes des exercices, on utilise l'impératif.
Quel est l'infinitif ? Vous pouvez vérifier dans votre lexique.

a. Écoutez ! → écouter **b.** Reliez ! → … **c.** Lisez → …

d. Répondez → … **e.** Cochez → … **f.** Écrivez → …

E utiliser les adjectifs possessifs

Exercice 5 Vrai (V) ou Faux (F) ? Vous n'êtes pas très sûr ? Alors, vérifiez p. 137.

a. Je peux dire *ma copine* mais pas *ma amie*   V   F

b. *Notre* et *votre* sont toujours masculins   V   F

c. *Ses* est le pluriel de *son* ou de *sa*   V   F

Exercice 6 Commentez l'arbre généalogique de Susana.

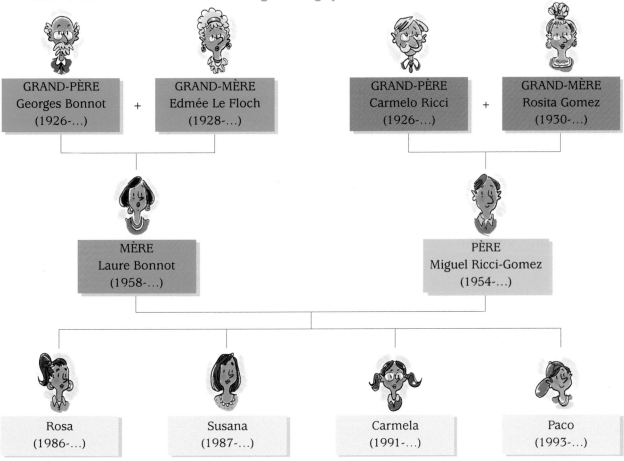

GRAND-PÈRE
Georges Bonnot
(1926-...)

+

GRAND-MÈRE
Edmée Le Floch
(1928-...)

GRAND-PÈRE
Carmelo Ricci
(1926-...)

+

GRAND-MÈRE
Rosita Gomez
(1930-...)

MÈRE
Laure Bonnot
(1958-...)

PÈRE
Miguel Ricci-Gomez
(1954-...)

Rosa
(1986-...)

Susana
(1987-...)

Carmela
(1991-...)

Paco
(1993-...)

Elle s'appelle Susana Ricci. Son grand-père maternel s'appelle Georges. Il est français.
Il est né en 1926. ....

....

....

F reconnaître les différents sens du verbe *prendre*

Exercice 7 Reliez une question et une réponse.

a. Qu'est-ce que vous prenez aujourd'hui ?   **1.** Le 26.

b. Quel bus tu prends pour aller à la fac ?   **2.** La première à droite.

c. Vous prenez un café ou un thé ?   **3.** À sept heures et demie.

d. Je prends laquelle ?   **4.** Un thé au citron, s'il vous plaît.

e. Vous prenez votre petit déjeuner à quelle heure ?   **5.** Un kilo de tomates, s'il vous plaît.

Compréhension orale

🎧 **Écoutez et cochez ce qu'il achète**

☐ de la viande   ☐ de la salade

☐ du poisson   ☐ des pommes

☐ un kilo de tomates   ☐ des poires

☐ des oignons   ☐ des bananes

☐ un melon   ☐ un ananas

☐ des carottes   ☐ des avocats

Expression orale

Vous êtes au restaurant. Regardez le menu et commandez. Un étudiant joue le rôle du garçon et deux étudiants le rôle des clients.

Brasserie des amis

Plat du jour
La paella du chef

MENU 12 euros SNC

Entrées

Melon
Pâté de campagne
Saucisson sec
Salade grecque

Plat

Rognons de veau à la crème
Poisson grillé sauce verte
Omelette au jambon

Dessert

Salade de fruits
Glaces
Crème au caramel
Tarte Tatin

Compréhension écrite

Lisez et répondez aux questions par *oui* ou *non*.

Élodie est étudiante à l'université de Montpellier. Elle étudie le commerce international.

Pendant les vacances, elle est serveuse dans un restaurant. Elle aime bien ce travail.

Elle sert les clients tous les jours à midi. Elle travaille de onze heures à quinze heures.

C'est un restaurant pas très cher : à midi, le menu est à 11,50 euros, vin et café compris.

a. Élodie travaille chez son père ?

b. C'est un restaurant pas très cher ?

c. Le pourboire est compris dans le prix ?

d. Elle travaille quatre heures par jour ?

Expression écrite

Écrivez une petite lettre à des amis pour les inviter à dîner chez vous.

Chers amis,

Très amicalement.

Demander
et exprimer un avis

Qu'est-ce qu'on leur offre ?

Noms/pronoms
- du bordeaux (du vin de Bordeaux)
- un cadeau
- eux
- la fête
- une idée
- une installation

1 NOÉMIE : Allô ?

ZOÉ : Bonjour Noémie, c'est Zoé. Je ne te dérange pas ?

NOÉMIE : Pas du tout, je ne travaille pas aujourd'hui. Tu vas bien ?

ZOÉ : Très bien, merci. Est-ce que tu vas chez Paul et Mina samedi ? Ils s'installent dans leur nouveau studio.

NOÉMIE : Oui, bien sûr. Toi, tu ne viens pas ?

ZOÉ : Si. Mais qu'est-ce qu'on leur fait comme cadeau ?

NOÉMIE : On fait un cadeau en commun, c'est plus sympa.

ZOÉ : Ah bon, d'accord. Mais quoi ?

NOÉMIE : Je ne sais pas. Écoute. Il est quelle heure? Midi. Bon, je peux appeler Max, leur copain et je te rappelle.

2 NOÉMIE : Bonjour Max, c'est Noémie, une copine de Mina et Paul.

MAX : Bonjour. Tu vas à la fête chez eux, samedi ? Vers 8 heures et demie, c'est ça ?

NOÉMIE : C'est ça. Mais qu'est-ce qu'on leur apporte ? Tu as une idée ?

MAX : Ben… Attends. Ah oui ! Ils aiment les beaux verres à vin et le bon vin aussi.

NOÉMIE : Alors, on prend ça ! Tu es d'accord ?

MAX : Bien sûr.

3 NOÉMIE : Allô, Zoé, c'est Noémie.

ZOÉ : Alors ?

NOÉMIE : Ils aiment les jolis verres et le bon vin. Elle, on lui achète des verres à pied et lui, on lui offre des bouteilles de bon bordeaux. Max est d'accord, et toi ?

ZOÉ : Entendu. On fait ça demain. Je passe chez toi à 9 heures.

Phonétique, rythme et intonation

1. **Les voyelles nasales : le [ɛ̃]**

Écoutez et répétez.
Bien sûr.
Le vin.
Demain.
Un copain.
On va chez mon copain demain.

2. **Les groupes rythmiques de la phrase**

Écoutez et répétez.
– Je ne te dérange pas ?
– Pas du tout. Tu vas bien ?
– Alors, on prend ça ?
– Tu es d'accord ?

Pour communiquer · Pas du tout. · Bien sûr. · Alors ? · Écoute. · Ben… attends.

Écoutez, lisez, comprenez

- leur
- un studio
- te
- un verre à vin

Adjectif
- leur(s)

Verbes
- apporter
- déranger
- installer(s')
- offrir
- rappeler

Mots invariables
- en commun
- quoi ?
- vers (+ heure)

Manière de dire
- Je passe chez toi (je viens chez toi).
- Je te rappelle.
- C'est ça.
- Entendu (c'est d'accord)

1 **Mettez le nom sous le dessin correspondant :**

une flûte à champagne, un verre à dents, un verre à pied, une carafe, une bouteille, un verre de vin.

a. …   b. …   c. …

d. …   e. …   f. …

2 **Répondez aux questions.**

a. Qui fait une fête ? …

b. Quel jour est la fête ? …

c. Qui va à la fête ? …

d. Qui est Max ? …

e. Qui aime le bon vin ? …

f. Ils achètent quel cadeau ? …

3 **Relisez les dialogues et dites à quoi correspond « ça » dans les expressions.**

a. C'est ça : …

b. On prend ça : …

c. On fait ça : …

4 **S'appeler, appeler (téléphoner), rappeler (téléphoner de nouveau)**
Relisez les dialogues et complétez par le verbe qui convient.

L'amie de Zoé … Mina. Zoé … Noémie pour choisir un cadeau. Noémie … Max pour avoir une idée et elle … Zoé. Le copain de Mina … Paul.

5 **Quel verbe est pronominal dans le dialogue ?**

Grammaire et vocabulaire

CONJUGAISON

Offrir *j'offre, tu offres, il/elle/on offre, nous offrons, vous offrez, ils/elles offrent*

Attention à l'impératif de **offrir** : pas de -s à la 2ᵉ personne du singulier, comme pour les verbes en -er
Tu offres des fleurs à ton ami(e). Offre des fleurs à ton ami(e).

Exercice 1

Complétez par *lui* ou *leur*.

Mina aime Paul. Elle ... offre toujours des cadeaux. Paul aime Mina. Il ... offre toujours des fleurs. Ils collectionnent les timbres. Alors, on ... écrit des cartes postales du monde entier.

LES PRONOMS COMPLÉMENTS D'OBJET INDIRECT (COI)

Je téléphone à Zoé → Je lui téléphone
Je téléphone à Max → Je lui téléphone
Je téléphone à mes amis → Je leur téléphone

➡ Voir le Précis grammatical p. 139

Exercice 2

Complétez par le pronom *leur* ou l'adjectif *leur(s)*.

• Il y a une fête chez ... amis. Elles vont à la fête avec ... copain Max. ... nouveau studio est très bien. Ils aiment beaucoup ... amis.

• M. et Mme Corbel me parlent souvent de ... souvenirs, de ... vie autrefois et moi, je ... raconte mes voyages.

LES ADJECTIFS POSSESSIFS (3)

• Plusieurs personnes ont une chose = **leur**
• Plusieurs personnes ont plusieurs choses = **leurs**

Paul et Mina ont un copain : Max.
→ *Max est **leur** copain.*
*Noémie et Zoé sont aussi **leurs** amies.*

Attention ne confondez pas **leur** pronom personnel COI invariable + un verbe et **leur(s)** adjectif possessif singulier ou pluriel + un nom

Exercice 3

Non ou *si* ?

Tu ne viens pas avec nous ? ... je viens.
Tu ne fais pas la cuisine ? ..., le dimanche.
Vous ne prenez pas l'avion ? ..., demain.
Vous n'êtes pas Yoko ? ..., c'est moi.
Vous n'êtes pas Yoko ?... désolée, je suis Suzy.

L'INTERRO-NÉGATION : 2 FORMES

Tu n'appelles pas Max ?
Est-ce que tu n'appelles pas Max ?
2 réponses possibles : **non (négatif)**
Non, je n'appelle pas Max maintenant.
ou si (affirmatif)
Si, je l'appelle maintenant.

ATTENTION À LA PRÉPOSITION

un verre à vin # un verre de vin

PRÉPOSITION + PRONOM TONIQUE

au pluriel : *Je vais chez eux / Je vais chez elles*

L'HEURE

• Deux manières de dire l'heure
Officiellement (horaires)
*Le train part à **7 h 15**. L'avion arrive à **9 h 45**.*
*Le film commence à **22 h 30**.*

Familièrement
*Je me lève à **7 h et quart**.*
*J'ai un rendez-vous à **10 h moins le quart**.*
*Je me couche à **10 h et demie**.*

• il est + heure
matin : il est 1 h, 2 h ➡ 11 h
midi : 12 h
après-midi : il est 13 h, 14 h ➡ 23 h
minuit : 24 h

• On ne dit jamais 22 h et demie
• Beaucoup de Français disent : « *Il est 4 h du matin* » et « *Il est 5 h de l'après-midi* ».

À vous !

 Pour le Nouvel An, qu'est-ce que vous faites ?

 Quelles est votre fête préférée ? Pourquoi ?

 Quelle heure est-il ?

heure officielle

```
19:00
```

a. les magasins ferment à ...

```
20:00
```

b. à ... c'est le journal télévisé.

```
23:30
```

c. ... : la séance de cinéma se termine.

heure familière

```
11:45
```

a. à ... Zoé téléphone à Noémie.

```
12:00
```

b. à ... Noémie appelle Max.

```
20:30
```

c. à ... la fête commence.

Civilisation   Les fêtes

Les fêtes officielles : les jours fériés (on ne travaille pas mais les grands magasins sont de plus en plus souvent ouverts)

- 1er novembre
- 11 Novembre
- 25 décembre
- 1er janvier
- lundi de Pâques
- 1er Mai
- 8 Mai
- jeudi de l'Ascension
- 14 Juillet
- 15 août

Les fêtes privées : on invite ses amis ou sa famille pour fêter

- un anniversaire
- un mariage
- la naissance d'un enfant
- un nouvel appartement (pendre la crémaillère)
- un nouveau travail
- un départ à la retraite

1. Reliez la date à la fête correspondante.

1. 1er novembre
2. 11 Novembre
3. 25 décembre

4. 1er janvier
5. 1er Mai
6. 8 Mai

7. 14 Juillet

a. Nouvel An
b. La fête nationale
c. La fin de la Seconde Guerre mondiale
d. La fête du Travail
e. La Toussaint
f. La fin de la Première Guerre mondiale
g. Noël

2. Quelles sont les principales fêtes dans votre pays ? Elles sont religieuses, historiques, privées ?

3. Depuis quelques années, on fête aussi : Halloween, le 31 octobre et la Saint-Valentin, le 14 février. C'est comme ça aussi chez vous ?

On solde !

Écoutez

1 ALIX : Allez ! Allez ! Il est 9 h moins le quart et les magasins ouvrent à 9 h. C'est le premier jour des soldes. Je ne veux pas être en retard.

SARAH : Moi non plus. J'ai besoin d'un pantalon chaud.

AZIZA : Moi, j'ai 150 euros, c'est tout. On va où ?

ALIX ET SARAH : Dans les grands magasins.

AZIZA : Oui, mais ils sont plus chers que les petites boutiques.

ALIX : C'est moins 50 % aujourd'hui.

🎧 Phonétique, rythme et intonation

1. Le « e » non prononcé

Écoutez.

Je n'ai rien à m(e) mettre. Je n(e) vais pas faire de folies.
J(e) l'essaie. J'ai b(e)soin d'un pantalon.

Répétez.

Tu viens sam(e)di ? Pas d(e) problèm(e).

2. Les liaisons

Écoutez et répétez.

Il est six [siz] heures. J'achète six [si] pantalons. Il est dix [diz] heures. Elle a dix [di] pantalons.
Il est neuf [nœv] heures. J'habite au numéro neuf [nœf].
Ma fille a neuf [nœf] ans, neuf [nœf] mois, neuf [nœv] jours.

2 *Dans le magasin…*

ALIX : Sarah, regarde ce pantalon rouge. C'est du 40. C'est ta taille.

SARAH : Je préfère le gris, il est plus chic que le rouge et moins cher ! 39 euros seulement ! Je le prends.

AZIZA : Hé venez ! Il y a des chaussures à 50 euros.

SARAH : J'adore les chaussures à talons. Cette paire est géniale. Elle me va très bien. Vous les trouvez comment ?

AZIZA : Bof ! Je préfère les chaussures plates.

SARAH : C'est moins élégant.

AZIZA : Regardez ces bottes en cuir. Pour cet hiver, elles sont très bien. 100 euros, je les achète.

3 *À la vendeuse…*

AZIZA : Bonjour. Je peux essayer ces bottes s'il vous plaît ?

LA VENDEUSE : Vous faites quelle pointure ?

AZIZA : Je fais du 37.

LA VENDEUSE : Vous voulez quelle couleur ? Noire, marron ou rouge ?

AZIZA : Euh… noire, non, rouge. Euh.. je peux essayer les deux paires ?

LA VENDEUSE : Bien sûr, je les apporte.

SARAH ET ALIX : Bon, Aziza, on se retrouve à la cafétéria à 2 h pile ?

AZIZA : D'accord.

SARAH ET ALIX : À tout à l'heure. Ne dépense pas tout !

Pour communiquer

• Allez, allez ! • Hé venez ! • Bof !
• Euh… • À tout à l'heure.

Noms/pronoms

- des bottes
- une boutique
- des chaussures
  (à talons, plates)
- une couleur
- l'hiver
- les
- un magasin
- une paire
- un pantalon
- une pointure
- le quart
- les soldes
- la taille

Adjectifs

- ce, cet, cette, ces
- chaud(e)
- chic
- élégant(e)
- génial(e)
- gris(e)
- marron
- rouge

Verbes

- avoir besoin de qqn
  ou qqch
- dépenser
- essayer
- être en retard
- faire + une taille,
  une pointure
- regarder
- se retrouver
- trouver

Mots invariables

- moins
- pile
- plus

Manière de dire

- Je préfère le gris (je
  préfère le pantalon
  gris)
- Elle me va. • Je le
  prends (je l'achète).
- À 2 h pile (à 2 h
  précises, ni avant,
  ni après)
- C'est moins 50% (à
  moitié prix)

Écoutez, lisez, comprenez

1 **Cochez la bonne réponse Vrai (V), Faux (F) et Peut-Être (PE).**

a. Aziza est moins riche que ses amies.   □ V   □ F   □ PE

b. Les grands magasins ouvrent à 9 h 30.   □ V   □ F   □ PE

c. Aziza achète les bottes rouges.   □ V   □ F   □ PE

d. Alix est en retard.   □ V   □ F   □ PE

e. Sarah achète un pantalon à 39 euros.   □ V   □ F   □ PE

f. Sarah et Alix déjeunent chez elles.   □ V   □ F   □ PE

2 🎧 **Écoutez et retrouvez les différents nombres cités.**

....

3 **En vous aidant du vocabulaire des dialogues, complétez ces phrases.**

a. Le pantalon rouge est ... que le pantalon gris.

b. Les chaussures à talons sont ... que des chaussures plates.

c. Dans les petites boutiques, les vêtements sont ... que dans les grands magasins.

4 **Quel est le sens des expressions soulignées ? Cochez la bonne réponse.**

a. Ce pantalon est parfait, je le prends.

   □ je le mets dans mon sac   □ je l'achète

b. Ce pantalon me va très bien.

   □ il est à ma taille   □ je pars avec lui

c. Ces chaussures, vous les trouvez comment ?

   □ vous les aimez ?   □ vous les achetez où ?

5 **Remplacez les expressions soulignées (horaires officiels) par une autre forme plus familière.**

a. Aziza et ses amies ont rendez-vous à 14 heures précises.

   → ....

b. Il est 8 heures quarante-cinq.

   → ....

c. Les grands magasins ferment à 19 heures.

   → ....

d. La cafétéria ferme entre 15 heures et 18 heures tous les après-midis.

   → ....

Grammaire et vocabulaire

L'IMPÉRATIF (3)

à la forme négative: ne + verbe impératif + pas | *Ne dépense pas tout ton argent !*

Exercice 1

Regardez la photo de la page 78 et comparez Alix et Sarah. Cherchez des adjectifs dans le dictionnaire.

LES COMPARATIFS (1)

Pour exprimer :

la supériorité → plus + adjectif + que

l'infériorité → moins + adjectif + que

Exercice 2

Répondez par *moi aussi, moi non plus*.

a. J'aime les soldes → ...

b. Je n'aime pas les grands magasins → ...

Exercice 3

Imaginez la phrase manquante.

a. .... Moi aussi. **b.** .... Moi non plus.

L'AFFIRMATION/LA NÉGATION (2)

Moi aussi reprend **une affirmation**

Moi non plus reprend **une négation**

– *J'adore cette robe.*

– *Moi aussi (= je l'aime aussi)*

– *Je n'aime pas ce pantalon.*

– *Moi non plus (= je ne l'aime pas non plus)*

Exercice 4

Complétez par *le, la* ou *les*.

Je préfère les chaussures noires, je ... achète.

Le pantalon gris est plus joli, je ... prends.

Sarah et Alix déjeunent avec Aziza, elles ... retrouvent à la cafétéria.

LES PRONOMS COD (3)

Rappel : le, la, l' au singulier **au pluriel** : les

Ces chaussures, vous les trouvez comment ?

Exercice 5

Complétez par l'adjectif démonstratif qui convient.

Bonjour madame, je voudrais voir ... robe noire et aussi ... chemisier bleu. J'aimerais essayer ... chaussures aussi. Merci.

... jupe violette est en solde ? Et ... veste ?

C'est parfait pour ... été !

LES ADJECTIFS DÉMONSTRATIFS

Ils servent à montrer une personne ou une chose. Ils précèdent un nom.

ce + nom masculin singulier → *ce pantalon*

cet + nom masculin singulier commençant par une voyelle ou un h muet → *cet animal – cet hiver*

cette + nom féminin → *cette couleur*

ces = nom masculin ou féminin pluriel

→ *ces bottes – ces vêtements*

➡ Voir le Précis grammatical p. 137

Exercice 6

À quoi correspond *ça* ? Relisez les dialogues des leçons 9 et 12.

a. ça fait combien ? (9) : ...

b. et avec ça ? (9) : ...

c. en tout, ça fait 5,90 euros (9) :...

d. ça suffit (leçon 9) : ...

e. ça sent bon ! (12) : ...

f. tu n'as pas d'accent, c'est pour ça ! (12) : ...

UN PRONOM DÉMONSTRATIF : ÇA

ça = forme familière de cela.

• Il peut être **sujet** :

ça sent bon / ça se trouve au BHV.

• Il peut être **complément** :

Tu aimes ça ? Tu achètes ça?

Les Français l'utilisent beaucoup. Il remplace un verbe, un nom de chose.

Tu préfères ça = tu préfères rester chez toi.

Tu préfères ça = tu préfères ce pantalon.

À vous !

1 Vous devez aller dans les Alpes en janvier, sur la Côte d'Azur en juillet, à Paris en avril.

En vous aidant du dictionnaire, dites quels vêtements vous mettez dans votre valise ?

2 **Comparez vos vêtements.**

Exemple: mon manteau est plus .... Ta veste est moins ...

3 ⌒○ **Quelle heure est-il ? Ne confondez pas 14 h et 4 h, 13 h et 3 h, 17 h et 7 h. Écoutez et notez les différents rendez-vous sur votre agenda.**

4 ⌒○ **Écoutez et notez les changements dans l'emploi du temps de Mme Durand.**

lundi	mercredi	vendredi	samedi	dimanche
9 h réunion de chantier	8 h syndicat 12 h : déjeuner avec clients taïwanais 14 h 30: rendez-vous directeur	Marseille départ 7 h 15 Retour 21 h 30	les soldes avec Alix	anniversaire d'Alix

Civilisation   **Les soldes**

Deux fois par an, en janvier et en juillet, il y a trois semaines de soldes officielles. Les dates sont fixées par les autorités régionales. Traditionnellement, les soldes de janvier concernent le linge de maison (le blanc) mais depuis longtemps, les soldes servent surtout à acheter des vêtements, des chaussures. C'est le moment des bonnes affaires : 30 %, 40 %, 50 % moins cher et dans les derniers jours, une nouvelle réduction est faite.

1. Attention aux soldes. Calculez bien. Quelle est la veste la moins chère ?

a. Tout à −50 %

b. 1ʳᵉ réduction : −30 % ; −20 % supplémentaires

Les Françaises font du 40 en moyenne. Avec l'Europe et la mondialisation, les tailles sont souvent : XS / S / M / L / XL / XXL.

2. Les pointures vont du 35 au 42 pour les femmes. La pointure moyenne est 38.

Et chez vous ? Les tailles sont indiquées comment ?

Découvrir Paris en bus avec l'Open Tour

Et ensuite, hop ! vous remontez dans le bus au prochain arrêt.

– Et ça marche tout le temps ? Tous les jours ?…

– Oui, sept jours sur sept, toute l'année. De janvier à décembre !

– Et l'Open Tour va où, dans Paris ?

– L'itinéraire préféré des touristes, c'est le « grand tour » évidemment.

Il dure deux heures. On peut voir les principaux monuments.

On part de la Madeleine, on passe par l'avenue de l'Opéra, le Louvre, Notre-Dame, Saint-Germain-des-Prés, le musée d'Orsay, les Champs-Élysées, le Trocadéro, la tour Eiffel et on arrive aux Invalides…

– **P**renez l'Open Tour. C'est génial et c'est facile ! Vous prenez un ticket pour un jour (24 euros) ou pour deux jours (27 euros). Attention à votre ticket. Gardez-le bien.

Ne le perdez pas. Il y a des contrôles dans les bus.

– Et où on achète le ticket ?

– Demandez à votre hôtel ou achetez-le dans les bus.

– Et après comment ça marche ?

– Vous montez dans un bus à étage et pendant votre promenade, vous écoutez un commentaire en français et en anglais.

À mon avis, c'est vraiment une très bonne façon de voir Paris : vous êtes indépendant. Vous vous arrêtez où vous voulez et quand vous voulez.

Vous vous promenez à pied dans les petites rues.

Vous allez dans les musées, dans les parcs, vous prenez un verre à la terrasse d'un café…

🎧 Phonétique, rythme et intonation

Comment prononcer le son [y] ?

La bouche est exactement dans la même position que pour prononcer le son [u]. Maintenant, avec la bouche dans cette position, dites [i] → c'est le son [y] qui va sortir ! Essayez !

1. Écoutez et répétez.

la rue – le bus – Salut ! – un musée

2. Discrimination des sons [y] et [u]. Écoutez et répétez.

– Tu vas où aujourd'hui ?

– Tu ouvres la porte ?

– Il y a des bus tous les jours.

– Le musée du Louvre, c'est où ?

– Il habite 12, rue du Moulin rouge.

Pour communiquer · Hop ! · À mon avis

Écoutez, lisez, comprenez

Noms/pronoms

- un arrêt (de bus)
- un café (le lieu)
- un commentaire
- un contrôle
- une façon
- un hôtel
- un itinéraire
- un monument
- un musée
- un parc
- une promenade
- une terrasse
- un ticket
- un(e) touriste

Adjectifs

- facile
- indépendant(e)
- préféré(e)
- principal(e)
- prochain(e)

Verbes

- (s')arrêter
- découvrir
- demander
- durer
- entendre
- garder
- marcher (fonctionner)
- (re)monter
- passer (par)
- perdre
- se promener
- voir

Mots invariables

- à peu près
- à pied
- attention à
- évidemment
- pendant
- tout le temps
- vraiment

Manière de dire

- Comment ça marche ? (comment ça fonctionne)
- Prendre un verre (aller boire quelque chose)
- Sept jours sur sept (tous les jours)

1 🎧 **Écoutez le dialogue. Le texte le dit ou ne le dit pas ? Donnez la réponse ou dites « on ne sait pas » (ONSP).**

a. Combien coûte un billet Open Tour pour deux jours ? …

b. Où on peut acheter les tickets ? …

c. Il y a une réduction pour les étudiants ? …

d. Quelqu'un donne des explications ? …

e. On peut descendre et monter où on veut ? …

f. Avec un ticket Open Tour, on peut prendre le métro ? …

g. Avec un ticket Open Tour, j'ai une réduction dans les musées ? …

h. Le bus marche 365 jours par an ? …

i. Il y a des contrôles dans l'Open Tour ? …

j. En général, les touristes préfèrent quel itinéraire ? …

2 🎧 **Écoutez à nouveau sans regarder le texte du dialogue. Soulignez les lieux que vous entendez.**

a. la Madeleine

b. l'Opéra

c. la rue de Rivoli

d. les Halles

e. La Comédie-Française

f. Notre-Dame

g. Saint-Germain-des-Prés

h. l'Assemblée nationale

i. la place de la Concorde

j. les Champs-Élysées

k. l'Arc de triomphe

l. la place du Trocadéro.

3 **Regardez ces quatre images. Quelles images correspondent au dialogue ?**

A ....

B ....

C ....

D ....

Grammaire et vocabulaire

Exercice 1

Conjuguez le verbe entre parenthèses.

a. Le matin, nous *(se lever)* à sept heures.

b. À quel âge vous *(s'arrêter)* de travailler ?

c. Elles *(s'appeler)* comment ?

d. On *(se retrouver)* à midi à la cafétéria.

e. Alors, tu *(se dépêcher)*, oui ou non ! ?

> **VERBES PRONOMINAUX (1)**
>
> S'arrêter
> *je m'arrête – tu t'arrêtes – il/elle/on s'arrête – nous nous arrêtons – vous vous arrêtez – ils/elles s'arrêtent*
>
> – *Je m'arrête où je veux ?*
> – *Oui, vous vous arrêtez où vous voulez.*

Exercice 2

Complétez avec un impératif affirmatif et un pronom.

a. – Où j'achète mon ticket, s'il vous plaît !

b. – Où je prends le bus ?

c. – À qui je montre mon ticket ?

d. – Les commentaires sont très intéressants.

> **IMPÉRATIF AFFIRMATIF + PRONOM (4)**
>
> *Attention à votre ticket.* **Gardez-le** *bien !*
> **Achetez-le** *dans le bus.*
>
> **IMPÉRATIF NÉGATIF + PRONOM (5)**
>
> *Ne le perdez pas !*

Exercice 3

Complétez.

a. Nous allons au marché … les matins.

b. Est-ce que … les étudiantes sont là ?

c. Il faut faire … les exercices ?

d. Ils visitent … l'Europe en six jours !

e. C'est pour ça qu'ils sont fatigués … le temps !

> **L'ADJECTIF TOUT**
>
> • Il exprime une idée de totalité.
> *Le bus marche* **tout le temps, toute la journée.**
> *Le bus marche* **tous les jours.**
> *Tu comprends* **toutes les explications** ?
> • Il est toujours suivi :
>   a. d'un article défini : *tous **les** jours*
>   b. d'un adjectif possessif : *tous **mes** copains*
>   c. d'un adjectif démonstratif : *tout **ce** temps*
>
> Attention Les adjectifs *tout* et *tous* se prononcent [tu]

Exercice 4

Regardez la carte de France.
Pour aller de Paris à Marseille en voiture, quel est votre itinéraire ?

Je .... Paris. Je prends l'autoroute. Je ....
Dijon et .... Lyon. Et j'.......... Marseille.

> **ATTENTION À LA PRÉPOSITION**
>
> partir de … → passer par … → arriver à …*quand ?*
> – *Je viens quand vous voulez.*

> **INDIQUER LE LIEU ou LE TEMPS**
>
> où
>
> – *Je descends* **où** ?
> – *Vous descendez* **où** *vous voulez.*
>
> quand
>
> – *Vous pouvez venir* **quand** ?
> – *Je viens* **quand** *vous voulez.*

Les mois de l'année

Janvier – février – mars – avril – mai – juin – juillet – août – septembre – octobre – novembre – décembre

À vous !

1 **Quelle est votre façon préférée de voyager ?**

- Voyage A : voyage organisé, « tout compris » : (vols + hôtel + repas + visites commentées avec un guide parlant votre langue)
- Voyage B : vol + hôtel + repas du soir
- Voyage C : vol + hôtel + location de voiture à l'aéroport
- Voyage D : vol + hôtel
- Voyage E : vol « sec » (seulement le vol)

Pourquoi ?

2 **Un ami français vous écrit.**

Chers amis,

Je vais passer deux semaines dans votre pays cet été, en juillet ou en août. Je voudrais savoir comment le visiter. En train ? en voiture ? en bus ?

Vous pouvez me donner des conseils ? Je suis assez indépendant, je n'aime pas beaucoup les voyages en groupe.

Merci beaucoup pour votre réponse.

Votre réponse : …

Civilisation   Touristes : bienvenue à Paris !

On dit souvent que les Parisiens sont désagréables, arrogants et qu'ils accueillent mal les touristes. Vrai ou faux ?

Vraie ou fausse, cette mauvaise réputation existe et la Mairie de Paris veut réagir. Comme chaque été depuis 2000, avec l'Office de tourisme, elle organise l'opération « Votre été à Paris ». Pendant tout l'été, 200 jeunes, les « ambassadeurs de l'accueil » sont là de 10 h à 19 h pour accueillir les touristes, les renseigner et les aider en 14 langues différentes.

On les reconnaît comment ?
Facile ! Ils sont jeunes et souriants. Ils portent un tee-shirt couleur prune, une veste et une casquette orange.

Ils sont où ? Partout, à l'aéroport, dans les gares, dans les métros, dans les endroits touristiques…

Leur travail : ils répondent à toutes vos questions, ils vous donnent des informations, ils vous distribuent des plans, des guides, des brochures, ils vous donnent des idées de promenade…

1. **Quelle est l'image des Français dans votre pays ? Est-ce que l'image des Parisiens est particulière ?**

2. **Pensez-vous que cette initiative de la Mairie de Paris est utile ? Justifiez votre réponse.**

3. **Imaginez trois questions à poser à un « ambassadeur de l'accueil ». Jouez la scène à deux.**

Si vous gagnez, vous ferez quoi ?

À la télévision…

LE PRÉSENTATEUR : Bonsoir Mesdames, bonsoir Messieurs. Merci, merci. Vous êtes avec nous ce soir, sur TF1, pour la finale de La Roue de la chance. Nous avons deux candidats finalistes : Dany et Claude, très, très sympathiques. Je vous rappelle la règle du jeu. Je pose une question. Le plus rapide tournera la roue de la chance. Alors !… il ou elle gagnera 10 000, 20 000, 50 000 euros ou rien ! C'est compris ? Vous êtes prêts ? C'est parti. Comment s'appelle la capitale de la Corée du Sud ?

DANY : Séoul.

LE PRÉSENTATEUR : Bravo. Félicitations. Dany est la plus rapide. C'est Séoul bien sûr. Venez ici Dany. Vous êtes contente ?

DANY : Oh oui ! C'est formidable.

LE PRÉSENTATEUR : Attention, ce n'est pas fini. Dany, si vous gagnez les 50 000 euros vous ferez quoi ?

DANY : D'abord je changerai de voiture et ensuite je ferai un voyage : j'irai en vacances aux Antilles, dans le plus grand hôtel. Toute ma famille est là-bas, j'…

LE PRÉSENTATEUR : Alors bonne chance. Le vrai suspense, c'est maintenant. Dany, vous tournez cette roue. Allez-y, encore, plus fort. Ça y est, elle tourne, elle tourne… et elle s'arrête sur…

DANY : Oh ! 50 000 euros ! Oh ! Ce n'est pas possible. Je ne peux pas croire ça ! C'est le plus beau jour de ma vie !

LE PRÉSENTATEUR : Dany, je vous félicite. Nous sommes très heureux pour vous. Regardez ce chèque ! Tous vos rêves deviennent une réalité ! Allez, on applaudit Dany très fort. Nous la retrouverons à son retour des Antilles. Bonsoir et merci de votre fidélité.

🎧 Phonétique, rythme et intonation : le son [r]

1. **En initiale** Écoutez et répétez.

   la roue, la règle, la réponse

2. **À l'intérieur d'un mot** Écoutez et répétez.

   Il tournera. Vous irez où ? Vous ferez quoi ?
   Merci d'être avec nous, c'est vraiment formidable !

3. **En finale** Écoutez et répétez.

   Bonsoir, bien sûr, plus fort, elle s'arrête sur…

Pour communiquer • Allez-y (pour encourager) • Ça y est (que les Français prononcent [sajɛ])

Écoutez, lisez, comprenez

Noms/pronoms

- un(e) candidat(e)
- la capitale
- la chance
- un chèque
- une famille
- la fidélité
- des félicitations
- la finale
- un jeu
- une règle
- le retour
- un rêve
- une roue
- un suspense
- les vacances
- la vie
- une voiture

Adjectifs

- content(e)
- finaliste
- fini(e)
- formidable
- possible
- prêt(e)
- rapide
- ravi(e)

Verbes

- applaudir
- changer de
- croire
- devenir
- féliciter
- gagner
- poser (une question)
- rappeler
- retrouver
- tourner qqch

Mots invariables

- encore
- fort
- rien (ne... rien)
- si (hypothèse)

Manière de dire

- C'est parti !
  (on commence)
- Poser une question
- C'est compris ?

1 Comment s'appelle l'émission de télévision ?

2 Expliquez la règle du jeu.

3 Des deux candidats, qui est :

a. Antillais   ☐ Dany   ☐ Claude

b. le moins rapide   ☐ Dany   ☐ Claude

c. le plus content   ☐ Dany   ☐ Claude

4 Dany gagne :

a. cent cinquante mille euros ☐

b. cinq cents euros ☐

c. cinq mille euros ☐

d. cinquante mille euros ☐

e. quinze mille euros ☐

5 Si elle gagne, Dany fera quoi ?

a. Elle achètera une nouvelle voiture. ☐

b. Elle ira vivre aux Antilles. ☐

c. Elle vivra chez des amis aux Antilles. ☐

d. Elle ira voir sa famille. ☐

6 Si vous répondez « faux » à une ou plusieurs questions, donnez les bonnes réponses.

7 🎧 Écoutez. Quelle est la particularité de ces formes verbales ?

8 Dans le dialogue, quels sont les deux verbes pronominaux ?

Grammaire et vocabulaire

Exercice 1

Conjuguez les verbes au futur.

Demain, Simon (aller) … chez ses grands-parents.
Il (retrouver) … son ami Théo et ils (s'amuser)
… avec leur chien. Grand-mère (cuisiner) …
un bon repas et après, ils (regarder) … la télévision.
Le soir, son père (arriver) … vers 6 h.
Ils lui (raconter) … leur journée. Les adultes
(parler) … de la politique. Grand-mère (embrasser)
… Théo très fort pour lui dire au revoir.

Exercice 2

Complétez par le verbe aller ou le verbe faire au futur.

Cet été, il … chaud dans le sud de la France.

Dany … aux Antilles si elle gagne.

Nous … à Hong-Kong l'hiver prochain.

Vous … un gâteau pour son anniversaire.

Après le dîner, tu … la vaisselle.

S'il pleut, j'… au cinéma.

Ils … en vacances à Deauville.

LE FUTUR SIMPLE = 1 MOT

Le futur des verbes réguliers =
infinitif + -ai, -as, -a, -ons, -ez, -ont
je gagnerai, tu gagneras, il/elle/on gagnera
nous gagnerons, vous gagnerez, ils/elles
gagneront
→ **le son -r est toujours présent**

Aller **est irrégulier**
j'irai, tu iras, il/elle/on ira
nous irons, vous irez, ils/elles iront

comme *faire* **:**
je ferai, tu feras, il/elle/on fera, nous ferons,
vous ferez, ils feront
mais on entend toujours le son -r

- Le futur exprime une action située dans un avenir plus ou moins proche. Il est souvent accompagné par :
un adverbe de temps *Tu feras ça <u>demain</u>.*
un complément de temps *Il partira <u>dans une heure</u>, <u>après le dîner</u>, …*

➡ Voir le Précis grammatical p. 144

Exercice 3

Trouvez les extrêmes en utilisant les adjectifs *haut, vieux, grand, riche, rapide*.

a. Il mesure 2 m 21, c'est l'homme … du monde.

b. Elle court le 100 m en 6", c'est la femme …

c. Le Kilimandjaro mesure 5963 m c'est …
sommet d'Afrique.

d. Bill Gates est l'homme … du monde.

e. Il a 120 ans, c'est l'homme …

LES SUPERLATIFS

le (la, les) plus + adjectif
le (la, les) moins + adjectif
Dany est la plus rapide (… de tous les candidats)
Claude est le moins rapide (… de tous les candidats)

- Le superlatif sert à comparer un élément à l'ensemble des autres éléments.

➡ Voir le Précis grammatical p. 138

Exercice 4

Conjuguez les verbes.

a. Si je (aller) en métro, je (aller) plus vite.

b. Nous (partir) à 3 heures, si la voiture (être)
prête.

L'EXPRESSION DE LA CONDITION

Si + verbe au présent → autre verbe au futur
Si vous gagnez, vous ferez quoi ?

Attention • Le verbe qui suit le *si* de la condition
ne peut pas être au futur.

Attention Toute ma famille + verbe au singulier
*Toute ma famille **est** là-bas.*

rappel : tout le monde + verbe au singulier

Attention à la construction : changer de quelque
chose : *je changerai de voiture*

À vous !

1 Si vous gagnez une grosse somme d'argent, qu'est-ce que vous faites ?

....

....

....

2 Quels sont les jeux télévisés préférés dans votre pays ? Expliquez la règle d'un jeu.

....

....

3 Vous êtes Dany. Écrivez à votre famille pour lui annoncer votre participation au jeu.

....

....

Civilisation   La télévision

94 % des Français ont un téléviseur.

Il y a 6 chaînes de télévision :

3 chaînes publiques :
- France 2
- France 3
- La 5/Arte (franco-allemande)

3 chaînes privées :
- TF1
- M6
- Canal + : chaîne cryptée payante

+ les chaînes câblées et par satellite (payantes).

1. **Les Français paient un impôt sur la télévision (la redevance, 120 euros par an environ). La télévision est un loisir économique. Et chez vous, la télévision, c'est gratuit ?**

2. **Est-ce que vous regardez la télévision ? Quand ? Quoi ? Quelles sont vos émissions préférées ?**

PROGRAMMES					SERIE SPORT FILM
<<< 08h00-10h00 du vendredi 26 novembre >>>					
CHAINES	08H00	08H30		09H00	09H30
TF1	TF! jeunesse	⁉ Téléshopping			⁉ Chicago hope
france 2	Télématin	⁉	Des jours et des vies	Amour, gloire et beauté	C'est au programme
france 3	France Truc			C'est mieux ensemble	Plus belle la vie
M6	C'est pas trop tôt			M6 boutique	
CANAL+	La matinale En clair	Metropolis			
france 5	Debout les zouzous			Les maternelles	
arte					

Maintenant, vous savez...

A **utiliser tous les pronoms toniques :** *moi, toi, lui, elle, nous, vous, eux, elles*

Exercice 1 Reliez.

a. Vous allez chez vos amies argentines ?

b. Tu vas chez Jacques et Françoise ce soir ?

c. On va chez Susana ?

d. Nous allons chez Pierre ?

e. Qu'est-ce que tu fais ? Tu vas chez toi ?

1. Non, on va chez elles demain soir.

2. Non, pas chez lui. Chez son frère.

3. Oui, je rentre chez moi. Tu viens ?

4. Non, je viens d'aller chez elle. Elle n'est pas là.

5. Oui, j'aime bien aller chez eux.

B **utiliser les pronoms compléments d'objet direct (COD) et indirect (COI)**

Exercice 2 Observez, révisez, concluez ! Regardez les deux tableaux (pronoms COD et COI) p. 139 et répondez par vrai (V) ou faux (F) aux quatre affirmations suivantes.

a. Les pronoms **me**, **te**, **nous** et **vous** peuvent être COD ou COI   V   F

b. Le pronom COI **lui** est toujours masculin   V   F

c. Le pronom COD **l'** est masculin ou féminin   V   F

d. Le pronom COI **leur** n'a jamais de -s final   V   F

C **utiliser les adjectifs démonstratifs :** *ce, cet, cette, ces*

Rappel : il y a trois formes au singulier : deux au masculin (ce/cet) et une au féminin (cette).

Exercice 3 Dans les phrases suivantes, soulignez les noms masculins.

a. À cet étage, il y a trois appartements. Moi, j'habite cet appartement, à gauche. En face, il y a une famille allemande.

b. Cet apéritif est vraiment horrible ! Je préfère ce petit vin blanc.

c. Oh zut ! Cet ascenseur ne marche pas, comme toujours !

d. Qu'est-ce que tu préfères ? Cette école, cette université ou cet institut ?

e. Tu connais Karen ? Mais si, tu sais bien, cette fille suédoise avec cet accent adorable !

D **utiliser des prépositions de lieu et de temps**

Remarque : certaines prépositions sont utilisées pour exprimer <u>le temps</u> ou <u>le lieu</u>.

Par exemple : avant, après   *Ne viens pas <u>avant 16h</u> ; viens <u>après 16h15</u>.* (temps)

                    Je tourne à droite <u>avant le pont</u> ou <u>après le pont</u> ? (lieu)

Exercice 4 Avec les prépositions suivantes, proposez deux phrases, la première pour exprimer le temps et la deuxième pour exprimer le lieu.

a. vers   **b.** entre   **c.** à partir de   **d.** jusqu'à

E utiliser les comparatifs et les superlatifs

Exercice 5 Regardez ces trois annonces. Comparez ces trois studios.
Faites trois phrases en utilisant des comparatifs.

43 m², confort, cuisine
séparée, douche avec WC,
1er étage sur rue,
quartier animé,
gardien, interphone,
1000 euros /mois

38 m², tout confort, cuisine
américaine, salle de bains,
WC séparés, 3e étage
sans ascenseur, quartier
tranquille, vue sur la tour
Eiffel, 850 euros/mois

31 m², original, plein sud,
Petite cuisine séparée,
douche, WC séparés,
6e étage avec ascenseur,
terrasse de 6m², Quartier
latin, 850 euros/mois

Studio 1   Studio 2   Studio 3

Exercice 6 Quel est votre studio préféré ? Pourquoi ? Utilisez des superlatifs :
C'est le plus ..., c'est le moins ...

F dire l'heure

Exercice 7 Les heures après midi. Reliez l'heure officielle et l'heure familière
qui correspond.

a. 12 h 00   1. une heure et demie

b. 17 h 45   2. cinq heures moins vingt-cinq

c. 23 h 15   3. six heures moins le quart

d. 16 h 35   4. midi

e. 00 h   5. onze heures et quart

f. 13 h 30   6. minuit

G reconnaître le sens d'un mot par son intonation

Exercice 8 Écoutez et cochez le sens exact du mot.

1. ☐ a. demander une information   ☐ b. s'excuser

2. ☐ a. refuser   ☐ b. insister

3. ☐ a. demander une information   ☐ b. dire que ça suffit

Vers le DELF

A1

Compréhension orale

Écoutez et complétez les programmes de la télévision.

TF1	20 h 55	Star Academy
	23 h 30	… ? (C. Rousseau)
France 2	20 h 55	100 minutes …
		Le …
	22 h 45	Double-Je : La Roumanie
France 3	20 h 55	*Le Dernier …*
		(F. Truffaut, 1980)
	23 h 15	*Tirez …*
		(F. Truffaut, 1960)
ARTE	…	*La Chambre …*
		(F. Truffaut, 1978)
	22 h 15	*… Masculin/féminin*
M6	20 h 50	Alias,
		épisodes 22, 23 et 24.
	23 h 15	Soyons directs (E. Chain)

Expression orale

Regardez cette photo. Discutez avec votre voisin(e) de ce que vous avez envie d'acheter.

Compréhension écrite

Regardez à nouveau la photo. À quel vêtement correspondent ces deux descriptions ?

a. Je suis autour du cou du mannequin.
   Je suis beige et rouge.

b. Nous sommes sur la droite près de la vitrine,
   nous sommes noires.

Expression écrite

Regardez la photo. Imaginez que c'est votre nouvelle voisine. Vous écrivez à un ami français pour la décrire et pour décrire sa façon de s'habiller.

Faire des comparaisons

Parasol ou parapluie ?

À la radio...

1 HERVÉ : Aujourd'hui, 22 juillet, il est sept heures.

Voici nos informations. Mais d'abord, jetons un petit coup d'œil au temps avec Bruno Leclerc, de Météo-France. Bruno !? Alors, le mauvais temps arrive ?

BRUNO : Hé oui, Hervé, le mauvais temps arrive par l'ouest. C'est un vrai temps d'automne : de la pluie, du vent et des températures fraîches pour la saison : 16 degrés à Rennes et à Nantes, 18 à Bordeaux, 19 à Biarritz. C'est peu !...

HERVÉ : Et sur la Côte d'Azur, Bruno, il faut prendre un parasol ou un parapluie ?

BRUNO : Non, sur la Côte, le temps est encore bien ensoleillé. Il va faire aussi chaud qu'hier, 28° à Marseille, 30 à Nice... Mais attention aux orages en fin de journée.

2 HERVÉ : Et ailleurs, en Europe, Bruno ? Il va faire quel temps ?

BRUNO : Eh bien, Hervé, c'est comme en France sauf en Italie et en Espagne. Là, il fait très beau. Mais dans le nord et dans l'est de l'Europe, il pleut et il fait assez froid.

HERVÉ : Les choses vont changer dans les prochains jours ?

BRUNO : Hélas, hélas, le mauvais temps durera jusqu'à vendredi. Mais un peu de patience ! Il fera plus chaud ce week-end et le soleil reviendra à partir de dimanche.

HERVÉ : Merci, Bruno, on vous retrouve à huit heures pour un nouveau bulletin météo.

🎧 Phonétique, rythme et intonation

1. La discrimination [v] / [f]
Ces deux consonnes sont continues.
Pour prononcer [f], les muscles sont tendus, la consonne est sourde et il n'y a pas de vibration ; pour prononcer [v], les muscles sont moins tendus, la consonne est sonore et il y a une vibration.

Écoutez. Répétez.
a. C'est vrai ? **b.** Il fait frais. **c.** Il est fou ! **d.** Il est vraiment fou ! **e.** Il fait vraiment froid. **f.** Il fera moins froid vendredi.

2. C'est la même différence entre /s/ et /z/ ou entre [ʃ] et [ʒ]
Écoutez, comparez, vérifiez, répétez.
1. a. l'ouest, le sud, le sud-ouest **b.** Les Parisiens vont bronzer. **c.** Voilà nos informations.
2. a. Il fait chaud. **b.** On jette un coup d'œil.
   c. On va chez Joséphine ?

Pour communiquer • Attention ! • Patience !

Noms

- l'automne
- un bulletin
- un coup d'œil
- un degré (°)
- la fin de la journée
- une information
- un orage
- un parapluie
- un parasol
- la patience
- la pluie
- une saison
- le soleil
- la température
- le temps
- le vent
- le week-end

Adjectifs

- ensoleillé(e)
- frais, fraîche
- froid(e)
- mauvais temps
  (beau temps)
- vrai(e)

Verbe

- faire (froid, chaud)
- pleuvoir

Locution verbale

- il faut + infinitif

Mots invariables

- ailleurs
- assez
- jusqu'à
- peu (# beaucoup)
- sauf (excepté)
- voici

Écoutez, lisez, comprenez

1 🎧 **Écoutez le dialogue et notez les températures sur la carte.**

2 **Les quatre saisons. Complétez.**

Mars – Avril – Mai → c'est le *printemps*

Juin – ... – Août → c'est *l'été*

Septembre – .... – Novembre → c'est ...

Décembre – Janvier – Février → c'est *l'hiver*

Et les quatre points cardinaux : le ..., le *sud*, l'..., *l'ouest*

3 🎧 **Écoutez à nouveau le dialogue, lisez et complétez avec les mots suivants :**

parapluies – ensoleillée – week-end – frais – bronzer – sept – mauvais – Hervé – pleuvoir – vendredi – les informations – chaud

Il est ... heures. Le journaliste s'appelle .... Il va présenter ....
Mais d'abord, le spécialiste de Météo-France nous parle du temps.

« Le ... temps arrive et il fait ... pour la saison : 16° en Bretagne,
c'est peu pour un mois de juillet. Il va ... à Rennes et à Nantes:
n'oubliez pas vos ... !

Vous êtes sur la Côte d'Azur ? Alors, pour vous, tout va bien, vous avez
de la chance : la journée est ... et il fait ... : 28 à 29°.

Pour les Parisiens, il faut attendre le ..., il va pleuvoir jusqu'à ....
Mais à partir de samedi, le beau temps revient, ils pourront ... au bord
de la Seine.

4 **Comprendre un mot avec le contexte. Souvent, vous pouvez deviner le sens d'un mot avec le contexte. Cochez la bonne réponse.**

a. les températures sont *fraîches* ☐ *normales* ☐ *pas chaudes*
pour la saison

b. ... *dans les prochains jours* ☐ *bientôt* ☐ *aujourd'hui*

Grammaire et vocabulaire

Exercice 1

Complétez avec : *il pleut – il fait froid – il neige – il y a du soleil – il va faire très chaud.*

a. Demain,, il … dans le sud-est : de 34 à 38° à Marseille.

b. Nous sommes en juillet mais … pour la saison : 10° à Paris !

c. En Bretagne, prenez vos parapluies : … !

d. Les amateurs de ski ont de la chance !
Il fait beau dans les Alpes du sud. … et le ciel est tout bleu !

e. Automobilistes, attention ! … au-dessus de 2000 mètres. Il faut un équipement spécial pour rouler.

LES FORMES IMPERSONNELLES

Pour parler de la pluie et du beau temps…

Il y a du soleil, du vent, de la pluie, de l'orage
Il fait beau (# il fait mauvais),
il fait chaud (# il fait froid)

a. il y a + partitif
b. il fait + adjectif
c. il pleut, il neige

Remarque : Ici, le **il** est impersonnel, le verbe est toujours à la 3ᵉ personne du singulier.

il pleut   *il neige*

Et aussi : Il faut + nom *(Il faut de la patience)* ou
Il faut + infinitif *(Il faut prendre un parapluie ?)*

➡ Voir le Précis grammatical p. 140

Exercice 2

Mettez ces verbes au futur proche.

– Demain, qu'est-ce que tu *(faire)* ?

– Je *(partir)* chez mon frère à Cannes.

Nous *(prendre)* le bateau pour les îles.

– Et après ?

– Moi, je *(nager)*, je *(lire)*, je *(me promener)*.

Mon frère *(faire des photos)* et il *(se reposer)*.

LE FUTUR PROCHE

- Il est formé du verbe *aller* au présent et d'un infinitif qui correspond à l'action.
  – *Oh zut ! Il va pleuvoir.*
  – *Tu vas sortir sous la pluie ?*
  – *Oui, je vais prendre un parapluie.*
- Le futur proche indique qu'un fait, une action vont se réaliser dans un avenir proche ou même très proche.
  Regarde le ciel : il va pleuvoir !
  (c'est une réalité).

LE FUTUR SIMPLE

Il indique seulement qu'un fait, une action ne sont pas encore réalisés. Il y a donc toujours une part d'incertitude, plus ou moins grande :
La semaine prochaine, je t'emmènerai au cinéma.
Un jour, je partirai !

LE COMPARATIF (2)

Marseille : 32° – Nice : 32°
→ *Il fait aussi chaud à Marseille qu'à Nice.*

Le comparatif d'égalité
aussi + adjectif + *que*

À vous !

1 Avec les formes impersonnelles, décrivez ces deux photos.

2 Dans votre pays, il fait quel temps au mois de juillet ? Répondez avec une phrase complète.

Civilisation   Le climat en France

En France, il ne fait jamais très chaud l'été et jamais très froid l'hiver. C'est un climat tempéré.

Les quatre saisons sont bien marquées :
le printemps : les jours allongent et tout pousse ! l'herbe, les feuilles… Il pleut assez souvent.

l'été : il fait beau et chaud, il ne pleut pas beaucoup, le soleil brille et les gens sont en vacances.

l'automne : il fait frais le matin, les jours sont plus courts. Il pleut beaucoup. Mais quelquefois, les mois de septembre et d'octobre sont magnifiques. C'est « l'été indien ».

l'hiver : les jours sont courts, il fait froid, il neige assez souvent (sauf dans le Midi).

Il y a trois types de climat en France :
– le **climat océanique** près de l'Atlantique (temps doux, même l'hiver et assez pluvieux)
– le **climat méditerranéen** dans le sud (étés très chauds, secs, hivers doux, peu de pluie)

– le **climat continental** à l'intérieur du pays, dans l'est (hivers très froids et étés très chauds)

1. Trouvez sur la carte de France une ville avec un climat océanique et une ville avec un climat méditerranéen.

2. Quelle est votre saison préférée ? Pourquoi ?

3. À votre avis, quelle est la saison idéale pour visiter votre pays. Pourquoi ?

Quand il est midi à Paris…

1 GÉRARD : Allô ! Allô ! C'est moi, Gérard.

MARIE-LOU : Gérard qui ?

GÉRARD : Mais enfin, Gérard ! Ton Gérard !

MARIE-LOU : Ah, c'est toi ! Mais où es-tu ? Tu sais quelle heure il est ?

GÉRARD : J'appelle de Melbourne. Il est deux heures.

MARIE-LOU : À Melbourne, peut-être mais ici, à Paris, il est trois heures du matin !

GÉRARD : Ah bon ? Ça va chez toi ? Tout le monde va bien ?

MARIE-LOU : Oui, très bien mais tu peux rappeler un peu plus tard ? On est en pleine nuit.

GÉRARD : Ah bon ? Moi, je viens juste de déjeuner et…

MARIE-LOU : D'accord, d'accord. Rappelle-moi plus tard, s'il te plaît.

GÉRARD : Tu ne m'aimes plus ? Marie-Lou, tu es loin, loin, loin…

MARIE-LOU : Mais si, je t'aime !!

2 PEPE : Allô, bonjour, monsieur. C'est Pepe. Isabelle est là, s'il vous plaît ?

UNE VOIX : Oui, ne quittez pas. Je vous la passe. Isabelle !!! C'est pour toi. Pepe. Vite ! Dépêche-toi, il appelle d'Espagne.

ISABELLE : J'arrive, j'arrive… Allô, Pepe ? Comment vas-tu ?

PEPE : Bon anniversaire, Isabelle !

ISABELLE : Merci, c'est vraiment gentil (mmmmmmmm).

PEPE : Tu manges ? Oh, vous êtes en train de manger ! Pardon !

ISABELLE : Ben oui, il est huit heures. En France, on dîne à huit heures, tu sais bien. Vous, vous dînez plus tard. Tu appelles d'où ?

PEPE : Je suis dans mon bureau.

ISABELLE : Quoi ! Tu y es encore ! À huit heures ! Tu finis tard !

PEPE : Oui mais je vais partir. Je rentre bientôt, Pedro et Iñes viennent chez moi pour dîner.

🎧 **Phonétique, rythme et intonation**

Écoutez et répétez.

1. Intonation : l'exaspération

Tu sais quelle heure il est !?
Mais si, je t'aime !!

2. Rythme

Ne quittez pas.
J(e) vous la passe (4/3)
Ne quittez pas.
J(e) vous l(e) passe (4/2)

3. Phonétique : la nasale [õ]

Oh, pardon !
On dîne à onze heures.
C'est moi, Yvon.
Qui ? Yvon ou Gaston ?

Écoutez, lisez, comprenez

Noms

- un bureau
- le matin
- la nuit

Verbes

- se dépêcher
- finir
- partir
- passer
- quitter
- rentrer

Mots invariables

- entre
- juste (seulement)
- peut-être
- tard # tôt
- tout le monde (attention : avec un verbe singulier)
- vite

Manière de dire

- Gérard qui ? (pour demander le nom de famille)
- En pleine nuit (au milieu de la nuit)
- Tu sais bien

Pour communiquer

- Mais enfin !
- Ne quittez pas. Je vous le/la passe
- Dépêche-toi !
- Ben oui (pour marquer l'évidence)
- Bon anniversaire

Dialogue 1

1 **Entre Paris et Melbourne, il y a une différence de**

    a. dix heures ☐   **b.** onze heures ☐   **c.** quatorze heures ☐

2 **À votre avis, quels sont les sentiments de Marie-Lou pour Gérard ? Vous pouvez utiliser votre dictionnaire.**

....

3 **Et quel est le caractère de Gérard ?**

....

4 🎧 **Écoutez. Une seule phrase est une vraie question. Laquelle ? Mettez un point d'interrogation à la fin de cette phrase.**

    a. Mais enfin, tu sais quelle heure il est

    b. Pardon, monsieur, vous savez quelle heure il est

    c. Non mais ! Je vous demande quelle heure il est

Imaginez un contexte pour ces trois phrases.

Dialogue 2

1 🎧 **Écoutez et cochez la bonne réponse.**

    a. Pepe est   ☐ un ami d'Isabelle
                        ☐ le frère d'Isabelle

    b. Pepe   ☐ est français et fait ses études en Espagne
                        ☐ habite et travaille en Espagne

    c. Pepe téléphone   ☐ de chez lui
                        ☐ de son bureau

    d. Pepe   ☐ vient juste de dîner
                        ☐ va bientôt dîner

    e. En France, on dîne   ☐ plus tôt qu'en Espagne
                        ☐ plus tard qu'en Espagne

2 **Lisez le dialogue et cochez les deux bonnes réponses.**

    a. Avec ON, le verbe est toujours au singulier   ☐

    b. ON = quelques personnes (deux ou trois)   ☐

    c. ON = les gens en général   ☐

    d. Avec ON, le verbe est au singulier ou au pluriel   ☐

Grammaire et vocabulaire

<table>
<tr><td colspan="2">

CONJUGAISON
</td></tr>
<tr><td>

Finir
</td><td>

je finis
tu finis
il/elle/on finit
nous finissons
vous finissez
ils/elles finissent
</td></tr>
</table>

IMPÉRATIF DES VERBES PRONOMINAUX

se dépêcher → *Dépêche-toi !*
        Dépêchons-nous !
        Dépêchez-vous !

➡ Voir le Précis grammatical p. 140

Dépêchez-vous, les enfants !

Exercice 1

Complétez avec *on* ou *les gens*.

a. En Espagne, … dînent tard.

b. En Suède, l'hiver, … dîne à six heures.

c. Et en France, … mange à quelle heure ?

d. … déjeunent vers 13 heures.

ON (2)

- **On** peut signifier **nous**
- **On** a aussi le sens de : **les gens** en général

Attention Le verbe est **toujours** au singulier.

Exercice 2

**Utilisez *être en train de* + infinitif, *venir de*
+ infinitif ou *aller* + infinitif.**

a. – Il est midi et demi. Tu viens manger ?

   – Non, je … manger plus tard.

b. – Qu'est-ce que tu fais maintenant ?

   – Je … de travailler.

c. – Tu es fatigué, non ?

   – Oui, je … de faire 500 kilomètres en voiture.

d. – Regarde ! Les enfants … de jouer.

ÊTRE EN TRAIN DE + INFINITIF

- On utilise cette locution verbale pour exprimer une action dans son déroulement.
- C'est comme un « présent progressif ».

VENIR DE + INFINITIF

- C'est le « passé récent » ou le « passé immédiat ».
- L'action est finie mais depuis très peu de temps.

ALLER + INFINITIF

C'est le « futur proche ». L'action se situe dans le futur mais dans peu de temps.

Exercice 3

Répondez comme dans l'exemple.

– Julie, tu m'aimes encore ?

– Non, c'est fini ! Je ne t'aime plus.

a. – Vous fumez ? – … **b.** Vous êtes encore étudiant ?

– … **c.** – Il est très vieux. Il voyage toujours ? …

d. Marie-Lou aime encore Gérard ? …

NE … PLUS (3)

pour exprimer qu'une action est terminée
encore = toujours (# ne… plus)

Exercice 4

Plus ? Moins ? Aussi ?

a. Paris-Bordeaux = 550 km ;

   Paris-Marseille = 700 km

   → Paris est … loin de Marseille que de Bordeaux.

b. Lance Amstrong : 44 km/h ;

   Jean Ferrand : 37,5 km/h

   → Amstrong va … vite que Ferrand.

c. Mardi : lever à 6 h 45 ; mercredi : lever à 6 h 45

   → Je me lève … tôt le mardi que le mercredi.

COMPARATIFS (3)

- plus + adverbe + que
  En France, on dîne plus tôt qu'en Espagne.
- aussi + adverbe + que
  À Madrid, on dîne aussi tard qu'à Séville, vers 22 h.
- moins + adverbe + que
  L'été, on dîne moins tôt (plus tard) que l'hiver.

➡ Voir le Précis grammatical p. 138

À vous !

1 Imaginez. Quelqu'un vous téléphone en pleine nuit sans raison importante, seulement pour parler.
Jouez la scène en tandem avec un autre étudiant.

3 En France, les heures des repas sont assez régulières : vers 13 h pour le déjeuner et vers 20 h pour le dîner.
Et dans votre pays ?

2 Jusqu'à quelle heure je peux téléphoner à des amis français ?

a. Si vous ne les connaissez pas très bien, n'appelez pas avant 9 h du matin ni après 21 h le soir.

b. Si vous les connaissez très bien, c'est un peu différent. Mais de préférence entre 9 h et 22 h. Et demandez toujours : *Je ne vous dérange pas ?*

Et chez vous, à partir de quelle heure et jusqu'à quelle heure on peut téléphoner ?

Civilisation   L'emploi du temps : métro, boulot, restau, dodo

En général, les Français se réveillent vers 7 heures. Ils se lèvent et ils prennent le petit déjeuner.

Ils se douchent ou prennent un bain ; les hommes se rasent et les femmes se maquillent. Les enfants se préparent pour l'école.

On regarde par la fenêtre pour savoir quel temps il fait et on s'habille.

On saute dans le métro, dans le bus ou dans sa voiture et on va au boulot*.

Les gens travaillent en général de 9 h à 18 h, avec une heure pour déjeuner.

Dans les grandes villes, on déjeune à la cantine ou dans un petit restau* près de son bureau. Dans les petites villes, les gens rentrent souvent déjeuner chez eux.

Quand on sort du travail, chacun prend son bus, son métro, sa voiture et vite, vite, on fait quelques courses pour le dîner.

Huit heures ! À table ! On mange bien, on bavarde, on raconte les petites histoires du bureau, on regarde les nouvelles à la télévision. Onze heures : au lit ! On se couche. Dodo*, tout le monde !

---
*le boulot (familier) = le travail. Au boulot ! = au travail !
*un restau (familier) = un restaurant

A   B   C

1. Qu'est-ce qu'ils font ? Mettez une légende sous chaque dessin.

2. Quel est votre emploi du temps de la journée ?

3. Relevez les sept verbes pronominaux du texte : se réveiller...

Vous allez vivre à Paris ?

MR MOREAU : Ah, bonjour, ma petite Mathilde.
Ça va chez vous ?

MATHILDE : Oui, merci. Tout le monde va bien.

M. MOREAU : Et alors, ce bac ? Ça y est ! Bravo !
Et l'année prochaine, qu'est-ce que vous faites ?

MATHILDE : Je m'inscris à l'université. Je vais faire
des études de théâtre à Paris.

MME MOREAU : À Paris, ma pauvre ! Quelle idée !
Mais pourquoi Paris ? À votre place, j'irais à
Montpellier, c'est plus près. Et puis, il y a du soleil…

MATHILDE : Oui mais j'ai envie d'aller à Paris.

MME MOREAU : Mais vous serez perdue, là-bas,
toute seule. Et puis, à Paris, les gens sont aimables
comme des portes de prison !

MATHILDE : Pour le théâtre, Paris, c'est mieux.
Et je pourrai sortir, voir des pièces de théâtre,
rencontrer des gens… Ici, il n'y a rien à faire.
À Paris, chaque jour, il y a quelque chose à faire !

M. MOREAU : Hé bé, moi, je ne pourrais jamais vivre
à Paris, ça non ! Les gens sont fous. Ils courent
tout le temps, ils ne savent pas profiter de la vie.

MME MOREAU : Oh là là, moi non plus, je ne voudrais
pas ! Et dans le métro ! On dirait des sardines
dans une boîte. Et personne ne regarde personne.
Et personne ne parle à personne ! Quelle horreur !
Et vous connaissez quelqu'un là-bas ?

MATHILDE : Non, je ne connais personne
mais ça ne fait rien. Dans les grandes
villes, on est tranquille. J'aime ça.

M. MOREAU : Chacun ses goûts.
Et vous allez habiter où ?

MATHILDE : J'ai un studio près
de l'université. Oh ! Il est tard,
excusez-moi. Ma mère m'attend pour
le dîner.

MME MOREAU : Nous aussi, on rentre.
Hé bé, au revoir, Mathilde. Bon appétit !

MATHILDE : Au revoir, madame.
Au revoir, monsieur.

🎧 Phonétique, rythme et intonation

1. **Rythme et intonation : l'accent parisien / l'accent du sud**
   1. Paris : Je ne pourrais jamais vivre à Paris (4/4) //
      Sud de la France : Je ne pourrais jamais vivre à Paris (6/4)
   2. Paris : Ils ne savent pas profiter de la vie (4/5) //
      Sud de la France : Ils ne savent pas profiter de la vie (4/6)

2. **Dans tout le Nord de la France, la distinction entre [e] et [ɛ] est très nette. Cela permet de distinguer le futur et le conditionnel.**
   Écoutez et répétez.
   1. L'année prochaine, j'irai [ire] vivre à Paris.
      Moi, à votre place, je n'irais [irɛ] pas !
   2. Je pourrai [pure] sortir, je pourrai aller au théâtre.
      Moi, vraiment, je ne pourrais [purɛ] pas vivre là-bas !

Écoutez, lisez, comprenez

Noms/pronoms
- le bac (baccalauréat)
- le dîner
- des études
- un goût
- une pièce de théâtre
- l'université

Adjectifs
- aimable
- fou, folle
- tranquille

Verbes
- attendre
- avoir envie de
- courir
- s'inscrire
- profiter de
- rencontrer
- sortir

Mots invariables
- comme
- là-bas
- personne
- pourquoi
- (et) puis

Pour communiquer
- Bravo !
- Ça non !
- Excusez-moi
- Bon appétit

Manière de dire
- Ma petite Mathilde : terme affectueux
- Ma pauvre !
- Quelle idée !
- Vous serez perdue (toute seule)
- Être aimable comme une porte de prison (être désagréable)
- Sortir (aller danser...)
- Quelle horreur !
- Ça ne fait rien (ça n'a pas d'importance)

1 **Répondez par vrai (V), faux (F) ou le texte ne le dit pas (?). Entourez la bonne réponse.**

a. Mathilde habite à Montpellier.	V F ?
b. Elle va retrouver sa sœur à Paris.	V F ?
c. Elle vit seule avec sa mère.	V F ?
d. Elle n'aime pas le climat de Montpellier.	V F ?
e. Elle veut étudier le théâtre.	V F ?
f. Elle aime les grandes villes.	V F ?
g. Elle reviendra chez ses parents tous les week-ends.	V F ?
h. Elle est très contente d'aller vivre à Paris.	V F ?
i. Pour Mathilde, la vie à Montpellier n'est pas très intéressante.	V F ?
j. Le dialogue se passe en juillet ou en août.	V F ?
k. Il est à peu près 16 heures.	V F ?
l. Mathilde n'a pas très envie de parler aux Moreau.	V F ?

2 **Les Moreau n'aimeraient pas vivre à Paris. Pourquoi ? Cochez leurs arguments.**

☐ **a.** Tout coûte plus cher à Paris. ☐ **d.** Le climat n'est pas agréable.

☐ **b.** Il y a beaucoup de pollution. ☐ **e.** Ils ne connaissent personne à Paris.

☐ **c.** Les gens ne sont pas sympathiques. ☐ **f.** Le rythme de vie est trop rapide.

3 **Mathilde, elle, a très envie d'aller vivre à Paris. Pourquoi ? Cochez ses arguments.**

☐ **a.** Elle n'a pas envie de vivre avec ses parents.

☐ **b.** Elle aime les grandes villes.

☐ **c.** Elle a envie de rencontrer des gens nouveaux.

☐ **d.** Paris, c'est mieux pour ses études.

☐ **e.** Pour elle, la vie est plus intéressante à Paris.

☐ **f.** Elle préfère les climats un peu froids.

4 **Complétez avec les adjectifs suivants :**

sympathiques – aimable – perdu – content – intéressant – fou.

Attention : faites les accords nécessaires.

Pour M. Moreau, les Parisiens sont ... : ils ne savent pas profiter de la vie, ils courent tout le temps !

Sa femme est d'accord. Pour elle, les Parisiens ne sont pas du tout ... (ils sont ... comme des portes de prison !). À son avis, Mathilde sera ... là-bas.

Mais non ! Mathilde est très ... d'aller vivre à Paris. Pour elle, la vie sera bien plus ... qu'à Montpellier.

Grammaire et vocabulaire

Exercice 1

Conjuguez au conditionnel.

a. S'il vous plaît, vous *(pouvoir)* m'aider ?

b. Nous *(aimer)* partir en octobre ou en novembre.

c. Moi, à votre place, je *(ne pas aller)* à Paris !

d. Et toi, tu *(vouloir)* vivre à Paris ?

e. Elles *(pouvoir)* venir avec nous ?

f. On *(pouvoir)* aller au cinéma ? D'accord ?

LE CONDITIONNEL

Sa forme : Vous connaissez le futur ? Alors, c'est facile !

• Vous prenez le radical du futur et vous ajoutez les terminaisons **-ais, -ais, -ait, -ions, -iez, -aient**
Exemples : *Pouvoir* → *je pourr-ai* (futur)
je pourr-ais (conditionnel)
Vouloir → *je voudr-ai* (futur)
Je voudr-ais (conditionnel)

Ses valeurs

1. le conditionnel de politesse
Je voudrais un melon, s'il vous plaît.

2. pour exprimer le désir, le souhait
J'aimerais beaucoup vivre à Paris.

3. pour proposer quelque chose, conseiller
Tu pourrais finir ton travail demain, non ?

4. l'hypothèse irréelle
Moi, à votre place, je resterais ici.

Exercice 2

Posez la question correspondant à la réponse.

a. … ? Non, je n'attends personne.

b. … ? Non, elle n'a envie de rien.

c. … ? Non, ils ne connaissent personne.

d. … ? Non, je n'entends rien.

e. … ? Non, nous ne payons rien, c'est gratuit.

LA FORME NÉGATIVE (4)

– *Vous voulez quelque chose ?*
– *Non, merci, je ne veux rien.*
– *Il y a quelqu'un ?*
– *Non, il n'y a personne.*

Attention, personne et rien peuvent être sujets :
***Personne** ne parle à son voisin.*
***Rien** n'est intéressant ici.*

Exercice 3

Chaque ou chacun(e) ?

a. Un journal qui paraît … mois, c'est un mensuel.

b. … est libre de faire ce qu'il désire.

c. Il y aura un prix pour … candidat.

d. … doit prendre ses responsabilités.

CHAQUE / CHACUN

• L'adjectif **chaque** est toujours suivi d'un nom singulier : chaque jour

• Le pronom singulier **chacun, chacune** = 1
Dans cette compétition, chacun court pour soi.

Attention

les gens = le mot est toujours au pluriel
Tous les gens sont fous à Paris.

tout le monde = le mot est toujours au singulier
Tout le monde est fou à Paris.

Exercice 4

An ou année ? Observez ces phrases et proposez la règle.

a. Elle a vingt-et-un ans. **b.** Elle travaille dans cette banque depuis dix ans. **c.** Je vous souhaite une très bonne année. **d.** C'est une année exceptionnelle. **e.** On se reverra dans deux ans. **f.** On va en Bretagne chaque année. **g.** Il part pour trois ans. **h.** Il part pour trois longues années. **i.** Il est en prison depuis vingt ans. **j.** 2000 est une grande année pour ce vin !

Alors, quelle est la règle ? …

À vous !

1 **Imaginez un contexte pour les expressions suivantes :**

Ça alors ! Quelle idée ! Quelle horreur ! Ça ne fait rien !

2 **Jeu de rôles**

Un de vos amis va s'installer dans une très grande ville (Tokyo, Mexico, Londres, New York, Shanghaï …). Vous essayez de le convaincre que c'est une très mauvaise idée.

3 **Vous avez le choix entre deux propositions de travail :**

a. un travail très intéressant, excellent salaire mais loin de chez vous. Temps de trajet : deux heures le matin, deux heures le soir (en train + métro + bus)

b. le même travail mais avec un salaire inférieur (–25 %). C'est près de chez vous. Temps de trajet : vingt minutes à pied.

Qu'est-ce que vous choisissez. Pourquoi ?

4 **Vous habitez à Paris. Vous écrivez une carte postale à votre professeur de français pour donner vos impressions.**

Paris, 24 septembre

Cher professeur,

....

....

....

Cordialement

Civilisation   Paris/Province

La province (ou « les régions »), c'est toute la France sauf Paris.

En général, les gens de province n'aiment pas beaucoup les Parisiens. Ils disent que les Parisiens se considèrent comme des rois, qu'ils sont méprisants, qu'ils conduisent mal, qu'ils sont toujours en train de courir, qu'ils ne sont pas aimables... Mais ils sont souvent un peu jaloux.

Et les Parisiens, qu'est-ce qu'ils disent des provinciaux ? Ils disent qu'ils sont lents, qu'ils s'intéressent seulement à leur petite ville ou à leur région. Ils disent qu'en province, il ne se passe rien, qu'il n'y a rien à faire...

Mais les Parisiens rêvent souvent de finir leur vie dans une petite ville tranquille !

Bien sûr, tout ça, ce n'est pas vrai ! Les villes de province sont très actives, il y a des musées, des théâtres, des cinémas, des concerts... Il y a mille choses à faire ! Et les Parisiens sont souvent très très gentils !

Et chez vous, comment on considère les gens de la capitale ? Ils ont quelle réputation ? Et les gens de la capitale, comment ils jugent les gens de province ? Vous êtes d'accord avec ces idées ?

L'avenir du français

Autour de la table…

Fatou du Sénégal, Aziz du Maroc, Diane du Québec, Liam du Vietnam et Vincent de Suisse.

– **Bonjour tout le monde.**

TOUS ENSEMBLE : Bonjour.

– **Vous êtes étudiants en France. Pourquoi ?**

FATOU : Parce que le français est aussi notre langue. Nous sommes tous francophones.

AZIZ : Pour mieux connaître l'histoire de mon pays. C'est aussi une partie de l'histoire de la France.

DIANE : Moi, j'ai envie de découvrir les Français et leurs habitudes bizarres. *(rires)*

LIAM : Mon père est français. C'est une manière de me rapprocher de ma famille française.

VINCENT : Je fais des études d'œnologie*. Les Français sont les meilleurs dans ce domaine.

– **Vous êtes francophones. Alors, le français, c'est important pour vous ?**

DIANE : Très important pour les Québécois ! Parce que le français c'est notre identité, nos racines.

AZIZ : Au Maroc, c'est différent. Le français a une place privilégiée mais notre langue officielle est l'arabe.

LIAM : Au Vietnam, le français est parlé et étudié mais l'anglais est très utilisé. Notre langue officielle est le vietnamien.

FATOU : Au Sénégal, le français est la langue officielle, mais les Sénégalais parlent surtout le wolof.

VINCENT : Il y a quatre langues officielles en Suisse : le français, l'allemand, l'italien et le romanche ! Et ça marche !

– **C'est très compliqué ! Une seule langue pour tout le monde ce n'est pas plus simple ?**

TOUS ENSEMBLE : Oh non !

VINCENT : La diversité, c'est une richesse.

AZIZ : Une seule langue, ça veut dire une seule culture, c'est triste !

---

* l'œnologie : étude de la fabrication et de la conservation du vin.

🎧 **Phonétique, rythme et intonation**

La discrimination [r] / [l]

1. **Écoutez et répétez le son [l].**
   La langue, c'est facile, la langue officielle

2. **Écoutez et répétez le son [r].**
   Autour, bonjour, en France, une habitude bizarre

3. **Faites bien la différence entre le [r] et le [l].**
   Écoutez et répétez.
   le Maroc, on parle le français, une langue internationale

Noms/pronoms

- l'avenir
- la culture
- la diversité
- une habitude
- l'histoire
- une identité
- une langue
- une manière
- l'œnologie
- une partie
- un pays
- une place
- des racines
- la richesse
- tous

Adjectifs

- bizarre
- compliqué # simple
- francophone
- important
- meilleur(e)
- officiel(le)
- privilégié(e)
- simple
- triste
- utilisé(e)

Verbe

- rapprocher (se)

Mots invariables

- mieux
- mal # bien
- parce que
- surtout
- trop

Pour communiquer

- Bonjour
  à tout le monde.

Manière de dire

- Ça veut dire :
  ça signifie

Écoutez, lisez, comprenez

1 🎧 Écoutez la liste de ces nationalités et notez la nationalité de chacun des personnages du dialogue.

2 Ils sont en France pour des raisons différentes. Reliez un nom et une raison.

1. Aziz   a. veut connaître sa famille française
2. Fatou   b. veut connaître l'histoire de son pays
3. Diane   c. veut étudier la fabrication du vin
4. Vincent   d. veut étudier en français
5. Liam   e. veut découvrir les habitudes françaises

3 Quel est le point commun de tous ces étudiants ?

4 Est-ce que la langue française a la même place dans tous ces pays ?

5 À votre avis, pourquoi « la diversité = une richesse » selon ces étudiants ?

6 Regardez ces photos et écrivez dessous le nom de l'étudiant qui correspond.

a. ....

b. ....

c. ....

d. ....

e. ....

Grammaire et vocabulaire

Exercice 1

Complétez par une expression de cause ou de but en vous aidant des leçons précédentes.

a. Il prend un parapluie. Pourquoi ? ...

b. Elle vient vivre à Paris. Pourquoi ? ...

c. Ils n'aiment pas le métro. Pourquoi ? ...

d. Fatou et ses amis étudient en France. Pourquoi ? ...

e. Liam a quitté Hanoï. Pourquoi ? ...

L'EXPRESSION DE LA CAUSE ET DU BUT

parce que + sujet + verbe (cause)
pour + infinitif (but)
La cause et le but répondent à la question « pourquoi ? »
La cause = une raison, une explication à une action
– *Tu vis en France ? Pourquoi ?*
– *Parce que ma famille est ici.*

Le but = un résultat attendu dans un avenir plus ou moins proche.
– *Tu vis en France. Pourquoi ?*
– *Pour mieux connaître les Français*

Exercice 2

Complétez par *tout, tous* ou *toutes*.

a. Il y a quatre langues officielles en Suisse, Vincent les parle ...

b. Fatou est observatrice, elle voit ...

c. Ils sont ... étudiants.

LE PRONOM INDÉFINI

Tout (neutre) → *Tu sais tout* (prononcez [tu]).
Tous (masculin pluriel) → *Ces étudiants sont tous francophones.*

Attention à la prononciation !
Ils sont tous francophones : [tus]
Au féminin : toute(s) [tut]

Exercice 3

Choisissez entre *meilleur(e), le(la) meilleur(e)* et *mieux*.

a. Cet étudiant est ... en mathématiques que son ami. C'est ... de la classe.

b. Le chocolat suisse est ... que le chocolat belge.

c. Il chante ... que son frère.

d. Son dernier film est ... que les autres. C'est ... film du festival.

MEILLEUR et MIEUX

Meilleur(e) : adjectif comparatif irrégulier de bon
Le meilleur/la meilleure : superlatif irrégulier
Ton idée est meilleure que la mienne.
C'est la meilleure idée de l'année.

Mieux est un adverbe de manière, il accompagne un verbe.
Vincent parle mieux l'italien que Louise.

Exercice 4

Choisissez entre *très et trop.*

a. Le français est une langue ... connue.

b. Les Français sont ... gentils mais ils parlent ... vite pour moi : je ne comprends pas.

c. 6 heures du matin ! C'est ... tôt ! On est en vacances !

d. Ils ont des habitudes ... bizarres : ils sont patients avec leurs chiens et beaucoup ... autoritaires avec leurs enfants !

TRÈS et TROP

Très + adjectif
C'est très important.

Trop + adjectif + adverbe
C'est trop compliqué.

« Très » insiste sur une caractéristique

« Trop » exprime un excès.

Attention : ~~très beaucoup~~ est impossible
mais : *beaucoup trop* est possible, dans cet ordre.

À vous !

1 Vous apprenez le français. Pourquoi ?
Faites une liste et classez les réponses.

    1. cause (parce que…)   2. but (pour…)

2 Selon Diane, les Français ont des habitudes bizarres. Vous pouvez donner des exemples ?

3 Est-ce qu'il y a dans votre pays des habitudes bizarres pour les Français ?

4 Connaissez-vous d'autres pays qui utilisent le français ? Regardez la carte.

Civilisation   La francophonie

La francophonie : environ 150 millions de francophones répartis dans une cinquantaine de pays, sur les cinq continents.

Qu'est-ce qu'un francophone ?
C'est quelqu'un :
– qui parle le français, langue maternelle ou nationale ou officielle
– qui est né dans un pays qui utilise le français
– qui partage des valeurs communes (solidarité, démocratie)
– qui participe à une communauté organisée (coopération)
La francophonie est difficile à définir. C'est une volonté politique. La réalité linguistique est complexe (les Québécois se battent pour protéger leur langue : le français ; beaucoup d'Africains francophones se battent pour faire vivre leur langue maternelle à côté du français).
Les anciennes colonies françaises sont des pays indépendants aujourd'hui mais la France a des liens historiques, culturels et économiques avec eux et a des devoirs envers eux. Il y a des programmes de coopération et d'aide spécifique comme MSF (Médecins sans frontières).

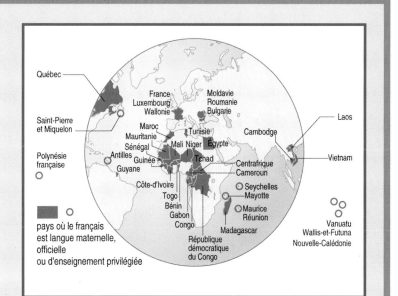

1. Petit voyage en Francophonie.
   Reliez un pays à sa capitale.

1. Algérie		a. Hanoï
2. Côte d'Ivoire		b. Rabat
3. Sénégal		c. Tunis
4. Mali		d. Dakar
5. Maroc		e. Yamoussoukro
6. Cambodge		f. Alger
7. Belgique		g. Yaoundé
8. Cameroun		h. Bamako
9. Tunisie		i. Bruxelles
10. Vietnam		j. Pnom-Penh

2. La langue française a quelles qualités et quels défauts pour vous ?

BILAN
Synthèse

5

Maintenant, vous savez...

A **utiliser le futur et le futur proche**

Exercice 1 À votre avis, quelle forme est la meilleure dans les phrases suivantes :

 a. Attention, attention ! Le train 2405 à destination de Marseille va partir / partira. Éloignez-vous !

 b. Attends, c'est trop lourd pour toi. Laisse ça, laisse-moi faire, je vais t'aider / je t'aiderai.

 c. Quand tu vas être grand / seras grand, tu pourras / tu vas pouvoir aller à l'école tout seul mais maintenant, tu es trop petit.

 d. Ne reste pas là, c'est dangereux. Tu tomberas / Tu vas tomber.

 e. Qu'est-ce que tu feras / vas faire dans vingt ans ?

B **exprimer une hypothèse, une supposition (si + présent)**

Exercice 2 Reliez.

 a. Si je ne suis pas là à cinq heures,   1. qu'est-ce que vous ferez avec l'argent ?

 b. Si vous gagnez le prix de 500 000 euros,   2. tu trouveras la clé chez le gardien.

 c. Si tu vas à Rome cet été,   3. on ira à la plage.

 d. S'il fait beau demain,   4. tu pourras habiter chez Francesca.

C **utiliser le conditionnel**

Exercice 3 Terminez ces phrases en utilisant le conditionnel.

 a. Cet élève arrive tous les jours en retard en cours. Moi, à la place du professeur, ...

 b. Votre petit garçon ne veut pas manger, il n'aime rien. À votre place, ...

Exercice 4 Quelle est la valeur du conditionnel dans les quatre phrases suivantes : *marquer la politesse, exprimer un souhait, proposer quelque chose, exprimer l'hypothèse irréelle.*

 a. On pourrait aller au musée d'Orsay. Il y a une nouvelle exposition.

 b. Excusez-moi. Vous pourriez fermer la fenêtre, s'il vous plaît ?

 c. Moi, à ta place, j'accepterais !

 d. J'aimerais beaucoup aller en Italie avec vous.

D **reconnaître et utiliser les formes impersonnelles**

Exercice 5 Cochez les phrases avec un *il* impersonnel.

 a. Demain, il va faire beau sur la côte atlantique mais il pleuvra en fin de semaine.

 b. J'aime bien ce film. Il est très poétique.

 c. Il est tard, ma mère m'attend.

d. Il faut faire attention au chien !

e. Attention au chien. Il est méchant !

f. Il est exactement huit heures dix-sept.

g. Il y a combien de kilomètres entre Lyon et Paris ?

E **situer un événement dans le temps**

Exercice 6 Répondez par Vrai (V) ou Faux (F).

a. *Les enfants sont en train de jouer dans leur chambre.*
L'action est déjà terminée.   V   F

b. *On vient de dîner.*
L'action est déjà terminée.   V   F

c. *Je vais dîner chez mes amis Durand.*
L'action n'a pas commencé.   V   F

d. *Bon, moi, je vais partir. Vous, vous partirez quand vous voudrez.*
Je pars avant les autres.   V   F

---

situer un événement dans le temps

Exercice 7 Regardez cette page d'agenda. Nous sommes aujourd'hui le 9 février. Il est 11 h 10. Complétez avec un futur proche, un présent progressif ou un passé récent.

Il est 11 heures. Marc … *(arriver)* au bureau. Il … *(discuter)* avec son collègue Paul et un client R. X.

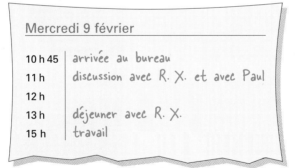

Après la discussion, à 13 heures, il … *(déjeuner)* avec ce client. Il … *(rester)* deux heures au restaurant. Après, il … *(retourner)* dans son bureau pour travailler.

F **utiliser les formes négatives**

Exercice 8 Répondez en utilisant *ne... pas, ne... plus, ne... rien* ou *ne... personne*.

a. – Il habite toujours à New York ? – Non, …

b. – Vous connaissez la rue du Nord ? – Non, désolé, …

c. – Tu comprends quelque chose, toi ? – Non, vraiment, moi non plus, …

d. – Tu connais quelqu'un à Sydney ? – À Sydney ? en Australie ? Ah non, …

Compréhension orale

🎧 **Écoutez et placez les symboles et les températures sur la carte de France.**

Expression orale

Vous expliquez à un ami français quel est le climat de votre pays.

Compréhension écrite

Lisez ce texte et répondez aux deux questions qui suivent

Des milliers de Dany en France métropolitaine

Il y a beaucoup d'Antillais en France métropolitaine, surtout dans la région parisienne. C'est plus facile pour eux de trouver un travail en métropole qu'aux Antilles. Ils sont nombreux dans la fonction publique : à la poste, dans les hôpitaux, dans la police, à l'Éducation nationale… mais bien sûr, ils travaillent aussi dans le secteur privé.

Ils restent très attachés à leurs îles d'origine et à leurs traditions : entre eux, ils parlent souvent créole, ils aiment la cuisine épicée (la cuisine antillaise est délicieuse !), boire des « tipunch » (le rhum antillais est une merveille !), danser la biguine… Pour les vacances, ils retournent presque chaque année voir leurs parents et leurs amis en Martinique, en Guadeloupe…

a. **Pourquoi les Antillais quittent leurs îles pour venir en France ?** …

b. **À quoi on voit que les Antillais restent très attachés à leur culture d'origine ?** …

Expression écrite

Regardez ces photos et décrivez ces deux maisons en utilisant des comparatifs *(plus… que, moins… que, aussi… que).* Et des superlatifs *(le plus…, le moins…).* Vous pouvez utiliser le dictionnaire.

A

B

unité

6

Raconter quelque chose

Souvenirs d'enfance

Les Vacances au bord de la mer
de Michel JONASZ

« On allait au bord de la mer
avec mon père, ma sœur, ma mère
on regardait les autres gens
comme ils dépensaient leur argent
nous, il fallait faire attention
[...]
alors, on regardait les bateaux
on suçait des glaces à l'eau
les palaces, les restaurants,
on ne faisait que passer devant
et on regardait les bateaux
le matin, on se réveillait tôt
sur la plage, pendant des heures
on prenait de belles couleurs
on allait au bord de la mer
avec mon père, ma sœur, ma mère »
[...]

*Une femme fredonne l'air de la chanson
et se souvient.*

– Moi, j'allais chez mes grands-parents,
avec mes cousins, on faisait des cabanes
dans les arbres, on jouait au ballon, aux cartes.
– À Saint-Philibert ? Chez Mamie Yvonne ?
– Oui, mais chez la maman de Mamie. On
mangeait de grandes tartines de confiture.

Kiki, le petit chien noir de Grand-père faisait
toujours des bêtises et Grand-mère criait :
« J'en ai assez. Un jour, je transformerai ce chien
en pâté ! » Et nous, on riait, on riait !
C'était le bon temps avant !

🎧 Phonétique, rythme et intonation

1. la discrimination [t] / [d]

Écoutez et répétez.
• Attention, les bateaux, le matin, tôt, une tartine,
la confiture, une bêtise, du pâté.
Le bord de la mer, on regardait, ils dépensaient.
• Le matin, au bord de la mer, on se réveillait tôt.
On regardait les bateaux.

2. La discrimination [k] / [g]

Écoutez et répétez.
• Avec, un cousin, des cabanes, la confiture,
on regardait, une glace, mes grands-parents,
Grand-père, Grand-mère.
• Avec mes cousins, on faisait des cabanes.
On mangeait de la confiture et des glaces.

Pour communiquer • J'en ai assez (ça suffit pour marquer la colère)

Écoutez, lisez, comprenez

Noms/pronoms

- un arbre
- de l'argent
- un ballon
- un bateau
- une bêtise
- le bord
- une cabane
- des cartes
- la confiture
- un cousin
- l'enfance
- une femme
- la mer
- un palace
- la plage
- un souvenir
- une tartine

Verbes

- crier
- faire attention
- jouer
- réveiller (se)
- rire
- souvenir (se)
- sucer
- transformer

Mots invariables

- au bord de
- devant
- ne (n')... que
- tôt (# tard)

Manière de dire

- On prenait de belles couleurs (on bronzait)
- Il fallait faire attention (il ne fallait pas dépenser beaucoup d'argent)
- Pendant des heures (très longtemps)
- C'était le bon temps (pour parler d'un souvenir heureux

Chanson

1 Dans la chanson, on = ? …
Et dans le dialogue, on = ? …

2 « Nous, il fallait faire attention ». À quoi ? Pourquoi ?

....

3 Ils sont où en vacances ? Relevez le vocabulaire qui le montre.

4 Trouvez un autre titre à la chanson.

....

Dialogue

5 Cochez les dessins qui correspondent aux souvenirs de la femme.

☐ a

☐ b

☐ c

☐ d

6 Pourquoi les enfants riaient ?

....

7 « C'était le bon temps avant », dit la femme. À quoi correspond « avant » ?

8 Tous les verbes sont à l'imparfait sauf un qui est au futur. Quel est ce verbe ?

Grammaire et vocabulaire

Exercice 1

Conjuguez à l'imparfait.

L'été, nous *(aller)* … à la campagne. Tu *(faire)* …
du vélo et moi je *(monter)* … dans les arbres.
Il *(faire)* … chaud. Les parents *(se promener)* ….
Tout le monde *(être)* … content.

Exercice 2

**Mettez les verbes au présent ou à l'imparfait
suivant le contexte.**

a. Aujourd'hui, il *(faire)* … beau.

b. Hier il *(faire)* … mauvais.

c. Avant, ma sœur *(être)* … très blonde.

d. Maintenant, elle *(être)* … brune.

e. Cet été, nous *(aller)* … à la montagne.

f. Avant, l'été, nous (aller) … à la mer.

Exercice 3

**Complétez par les adjectifs de la liste.
Mettez-les au féminin et au pluriel
si nécessaire : *beau, blanc, blond, bon,
carré, vert, vieux*.**

Il était une fois, une … jeune fille qui avait
des cheveux … et des yeux … . Elle habitait
dans une tour …, près de la mer. Elle regardait
toujours les nuages … qui passaient dans le ciel.
Son … père l'aimait beaucoup mais il voulait
la marier avant de mourir. La jeune fille
ne voulait pas. Malgré son … caractère,
tous les jours, elle lui disait non.

UN TEMPS DU PASSÉ : L'IMPARFAIT

- L'imparfait est un temps simple (= un mot)
Vous gardez le radical de la 1re personne du
pluriel du présent + ais, ais, ait, ions, iez, aient
aller → *all-ons* → *j'allais*
faire → *fais-ons* → *je faisais*

Seul, être est irrégulier : *j'étais, tu étais, il était,
nous étions, vous étiez, ils étaient.*

- L'imparfait exprime des états ou des actions
passés considérés dans leur continuité. Il
décrit. Il exprime un « décor ». Il marque aussi
l'habitude et la répétition **dans le passé.**

➡ Voir le Précis grammatical p. 144

LA PLACE DES ADJECTIFS (1)

La plupart se mettent après le nom comme les
adjectifs de couleur ou de forme :
un chien noir, une table ronde
Mais, certains adjectifs courts se placent généralement avant le nom :
*une belle couleur, une grande tartine, un petit
chien, un vieux film*

➡ Voir le Précis grammatical p. 138

LA FORME RESTRICTIVE

- ne (n') + verbe + que = seulement
On ne faisait que passer devant = on passait seulement devant, on n'entrait pas dans les palaces

---

Attention : nous / on : les Français utilisent très
souvent les deux pronoms en même temps, toujours
dans le même ordre : *Et nous, on riait, on riait.*

Remarquez le verbe « jouer » → *jouer au ballon,
aux cartes*
Mais → *jouer du piano, de la guitare*

Attention !
Ne confondez pas : **avant** et **devant**
devant (≠ derrière) exprime la localisation
On ne faisait que passer devant
avant (≠ après) exprime le temps
C'était le bon temps avant.

À vous !

1 Quel est votre plus beau souvenir d'enfance ? Rédigez-le en 5 à 6 lignes.

2 En groupe, sur le même air, inventez une autre chanson-souvenir en changeant le vocabulaire.

3 Qu'est-ce que vous faisiez entre 8 et 12 ans ? Faites une liste.

4 Mimez et faites deviner aux autres vos activités d'enfant. Les autres étudiants répondent avec des verbes à l'imparfait.

Civilisation   Les animaux de compagnie

La France a 60 millions d'habitants et 47 millions de chats, chiens, oiseaux, poissons rouges.

Il existe une économie très importante liée à ces animaux : alimentation, médecine, journaux, salons de beauté, concours de dressage et de beauté, gadgets divers.

Malheureusement, dans les grandes villes, les chiens posent des problèmes de propreté et d'hygiène.

Une loi oblige les propriétaires à ramasser les crottes de leurs chiens et il y a des espaces prévus pour eux mais la loi n'est pas respectée malgré les amendes et les publicités.

On voit même des chiens dans les restaurants ! Mais pas au menu !

Par contre, les Français mangent du lapin, du cheval, des grenouilles, des pigeons.

Les Français achètent maintenant d'autres animaux : des serpents, des iguanes, des singes, des bébés tigres. C'est la mode des animaux de compagnie exotiques.

1. Est-ce qu'il y a des animaux de compagnie dans votre pays ?

2. À votre avis, pourquoi les Français ont beaucoup d'animaux ? Essayez de trouver des explications.

J'ai fait mes études à Lyon 2

MME LEDOUX : Bonjour. Asseyez-vous. Bon. Votre candidature nous intéresse. Reprenons votre curriculum vitae. Alors… Vous avez 24 ans. Vous êtes né à Hambourg mais vous avez habité au Portugal, en Belgique, en France…

CLAUS : Oui, mon père travaille pour la Communauté européenne. Nous avons beaucoup voyagé.

MME LEDOUX : Donc, vous parlez plusieurs langues ?

CLAUS : Oui, je parle français, anglais, portugais, un peu espagnol… Et allemand, bien sûr.

MME LEDOUX : Vous avez étudié à l'université de Lyon 2.

CLAUS : Oui. J'ai un master de sciences économiques…

MME LEDOUX : Vous maîtrisez l'outil informatique, naturellement ?

CLAUS : Oui. Excel, Access…

MME LEDOUX : Oui. Vous avez fait un stage de cinq mois chez Siemens l'année dernière. Et ensuite ?

CLAUS : J'ai travaillé en CDD ici à Grenoble, à la Chambre de commerce. J'ai fini la semaine dernière.

MME LEDOUX : Donc, vous êtes libre ? Vous pourriez commencer tout de suite ?

CLAUS : Oui mais avant, j'aimerais bien avoir quelques informations complémentaires sur l'entreprise et aussi sur le poste.

MME LEDOUX : Bien entendu ! Je vous explique…

———————————
* un travail en CDD : en contrat à durée déterminée.

🎧 Phonétique, rythme et intonation

1. Rythme et intonation : l'énumération
Écoutez et répétez.
a. Vous avez vécu au Portugal.
   Vous avez vécu au Portugal, en Belgique, en France…
b. Je parle français.
   Je parle français et anglais.
   Je parle français, anglais, portugais…

2. Le son [j]
Écoutez et répétez.
Asseyez-vous !
Vous avez étudié l'informatique.
J'ai travaillé à Lyon l'année dernière.
C'est ma fille Camille.
Elle travaille à Marseille.
Elle voyage beaucoup.

Écoutez, lisez, comprenez

Noms/pronoms

- **une candidature**
- **un curriculum vitae (un CV)**
- **une entreprise**
- **un master**
- **un outil**
- **un poste**
- **un stage**

Adjectifs

- **complémentaire**
- **dernier, dernière**
- **libre**
- **plusieurs**
- **quelques**

Verbes

- **expliquer**
- **intéresser**
- **maîtriser**
- **naître**
- **reprendre**
- **voyager**

Mots invariables

- **donc**
- **naturellement**
- **tout de suite (immédiatement)**

Pour communiquer

- Bien
- Bon

Manière de dire

- **Maîtriser l'outil informatique** (bien connaître et savoir utiliser l'informatique)
- **Bien entendu** (naturellement, bien sûr)
- **J'aimerais bien :** formule encore plus polie que « je voudrais »

1 **Mme Ledoux parle avec Claus et lit son CV. Qu'est-ce qu'elle reprend ? Cochez les bonnes réponses.**

a. son âge ☐

b. son état civil (célibataire, marié, divorcé) ☐

c. sa nationalité ☐

d. ses études ☐

e. ses connaissances en informatique ☐

f. son adresse actuelle ☐

g. son expérience professionnelle ☐

h. son salaire à la Chambre de commerce ☐

i. les langues qu'il connaît ☐

j. son caractère ☐

2 **Quel est le CV de Claus ? Justifiez votre réponse.**

A

HARTMANN CLAUS
121 quai de l'Isère
38 000 Grenoble
tél. : 06 11 23 65 92
mél : claushartmann@noos.fr

célibataire
Né le 05. 09. 81
à Hambourg (All.)
Nationalité allemande

DIPLÔMES

2002 Licence de sciences politiques
2004 Master de sciences politiques

EXPÉRIENCE PROFESSIONNELLE

Août-nov. 2004 : stage entreprise Siegel (93400)
Janv.-juin 2005 : CCI de Grenoble (38000)

Langues : allemand, portugais, français, espagnol, anglais

Maîtrise Excel, Access

Sports : escrime, boxe

B

SCHMIDT CLAUS
121 quai de l'Isère
38 000 Grenoble
tél. : 06 66 54 55 78
e-mail : cschmidt@yahoo.fr

célibataire
Né le 14. 07. 81
à Hambourg (All.)
Nationalité allemande

DIPLÔMES

2002 Licence de sciences économiques
2004 Master de sciences économiques

EXPÉRIENCE PROFESSIONNELLE

Août-nov. 2004 : stage (entreprise SIEMENS)
Janv.-juin 2005 : CCI de Grenoble (38000)

Langues : allemand, français, anglais, portugais, un peu espagnol

Maîtrise Excel, Access

Permis de conduire B

C

LESSEN CLAUS
31 av. Foch
38 000 Grenoble
tél. : 06 00 99 08 71
e-mail : rabbit@hotmail.com

célibataire
Né le 31. 02. 81
à Hambourg (All.)
Nationalité allemande

DIPLÔMES

2002 Licence de sciences économiques
2004 Master de sciences économiques

EXPÉRIENCE PROFESSIONNELLE

Août-nov.2004 : stage (Siemens – Saint-Denis))
Janv.-juin 2005 : CCI de Grenoble (38000)

Langues : français, espagnol, russe, italien, anglais, allemand et suédois

Maîtrise Excel, Access

Sports : football, vélo

Grammaire et vocabulaire

Exercice 1

Conjuguez avec l'auxiliaire *être*.
Attention aux accords !

a. Mme Ledoux et sa sœur Claire *(se retrouver)* à Grenoble le week-end dernier.

b. La famille de Claus *(arriver)* en France en 1995.

c. Manuela, vous *(naître)* à Cordoue ou à Séville ?

d. Elles *(partir)* à sept heures du matin et elles *(arriver)* à sept heures du soir.

e. Monsieur, vous *(rentrer)* quel jour, s'il vous plaît ?

f. Mes amis Kim *(arriver)* hier soir. Ils *(venir)* chez moi.

Exercice 2

Entourez la forme correcte.

a. Elisa, Henri et Pierre sont allé / sont allés / sont allées au théâtre hier soir.

b. Ma fille Amélie est resté / est restée / est restées à la maison.

c. Vous êtes arrivée/ arrivés / arrivées toutes les deux à la même heure ?

d. Elle est né/née/nées en 1899 à Londres.

e. Où est-ce qu'ils se sont connu / connus / connues ?

f. Clara et Louise sont partie/ partis / parties faire du ski en Suisse.

LE PASSÉ COMPOSÉ

- Il sert à exprimer des événements ou des actions dans le passé.
- Il est formé d'un auxiliaire (être ou avoir) et d'un participe passé.

Auxiliaire **être** ou **avoir** ?
Presque tous les verbes se conjuguent avec l'auxiliaire **avoir** mais pas tous !

→ **Se conjuguent avec l'auxiliaire être**
1. tous les verbes pronominaux
ils se sont rencontrés à Grenoble

2. certains verbes indiquant un changement dans l'espace : aller – partir – venir – arriver – (r)entrer – sortir – passer – monter – descendre – tomber – retourner

3. naître – devenir – rester – mourir

Avec l'auxiliaire **être**, il faut accorder le sujet et le participe passé !
Il est venu – elle est venue
Ils sont venus – elles sont venues
Avec l'auxiliaire **avoir**, non : *Elles ont chanté, elles ont bu...*

Certains participes passés sont très irréguliers :
Naître → *il est né en 1899*
Avoir → *il a eu de la chance !*
Être → *il a été professeur toute sa vie*

➡ Voir le Précis grammatical p. 141

Exercice 3

Devinettes

a. Il est né en 1768 en Corse. Il est mort en 1821 à Sainte-Hélène. Qui est-ce ? …

b. « J'étais une reine de France. Je suis morte guillotinée en1793. » Je suis …

c. Je suis né en 1802 à Besançon. J'ai écrit beaucoup de livres très célèbres. J'ai vécu longtemps à Guernesey. Je suis rentré à Paris après la chute de Napoléon III. Mon corps repose au Panthéon. Mon nom ? …

PLACE DE L'ADVERBE

Je voyage beaucoup // J'ai beaucoup voyagé
Elle ne mange rien // Elle n'a rien mangé

au présent : après le verbe
au passé composé : très souvent, entre l'auxiliaire et le participe

À vous !

1 **Jeu de rôles**

a. Vous cherchez un(e) baby-sitter pour votre fils de 3 ans. Deux jeunes filles et un jeune homme se présentent. Deux élèves jouent le rôle des parents, trois autres celui des candidats. Les parents discutent entre eux et choisissent.

b. Vous vous présentez pour un premier emploi. Plusieurs candidats se présentent, tous ont les mêmes diplômes. C'est sur la personnalité que tout va se décider ! Il y a deux recruteurs.

Quelles qualités, quels aspects originaux allez-vous faire valoir ?
Réfléchissez, notez sur une feuille ce qui vous semble le plus important.
Puis jouez la scène (deux étudiants jouent les rôles des deux recruteurs).

2 **Regardez les CV page 119. C'est la manière la plus fréquente de procéder : a. état civil b. formation et diplômes c. expérience professionnelle d. divers (autres expériences – langues connues – sports – permis de conduire...)**

a. Faites votre CV sur le même modèle.

b. Dans votre pays, on présente les CV de cette manière ? Sinon, on les présente comment ?

Civilisation   Premier emploi...

Vous avez posé votre candidature pour un emploi en France. Votre candidature est retenue, vous êtes convoqué(e) : vous intéressez l'entreprise.
Maintenant, vous devez convaincre que vous êtes le meilleur (ou la meilleure) candidat(e) !
Voici quelques conseils pour réussir votre entretien.
– Essayez de vous imaginer à la place du recruteur.
– Attention à votre tenue : pas de vêtements trop « habillés » mais pas trop décontractés non plus. Restez naturel.
– Regardez le(s) recruteur(s) dans les yeux, tenez-vous droit, parlez bien distinctement.
– N'inventez rien. Dites simplement la vérité sur vos études, vos stages...
– On vous posera probablement des questions sur vos qualités et sur vos défauts. Les qualités préférées des employeurs : énergie, sens des responsabilités, sens des contacts, tolérance.

– Vous aussi, posez des questions, montrez que vous vous intéressez à l'entreprise, que vous n'êtes pas passif, pas timide.
– Entraînez-vous avec des amis, des professeurs. Si c'est possible, filmez-vous, regardez-vous et corrigez vos erreurs.

1. **Dans votre pays, comment est-ce qu'il faut se présenter à un entretien d'embauche ?**

2. **C'est très différent de la manière française ?**

Retour des Antilles

Noms/pronoms
- **un aéroport**
- **un ciel**
- **une dame**
- **une dizaine**
- **une gagnante**

LE PRÉSENTATEUR : Bonsoir Mesdames et Messieurs. Nous sommes en direct de l'aéroport Roissy Charles de Gaulle. Nous attendons notre charmante gagnante de l'année dernière : Dany. Vous vous souvenez : elle a gagné la somme extraordinaire de 50 000 euros à la Roue de la Chance. Ah! je la vois. Elle arrive. La voilà ! Dany, Dany, Madame Césaire ! S'il vous plaît. Pour TF1, vos premières impressions. Alors, Dany, c'était comment, ce séjour ?

DANY : Oh ! Pour moi, c'était… le paradis !

LE PRÉSENTATEUR : Le paradis, vraiment ?

DANY : Oh oui ! J'ai retrouvé ma vieille maman, mon grand frère, mes deux sœurs, mes cousins, mes oncles et mes tantes…

LE PRÉSENTATEUR : Beaucoup d'émotions alors Dany ?

DANY : Oui. Vous savez, j'ai quitté Fort-de-France* en 1975. Je suis arrivée en France comme aide-soignante*, à 19 ans. Ma mère est venue deux fois seulement en France. Paris, c'est loin, c'est cher.

LE PRÉSENTATEUR : C'était de magnifiques vacances aussi, Dany…

DANY : Oh oui ! J'avais une grande chambre avec une vue superbe sur la mer. Il faisait un temps idéal, un ciel bleu, bleu ! J'ai fait du bateau, j'ai nagé, je me suis promenée, j'ai bien mangé.

LE PRÉSENTATEUR : Dany, votre rêve s'est réalisé avec TF1…

DANY : Oh oui ! merci. Je n'oublierai jamais. Jamais.

---

* Fort-de-France : principale ville de la Martinique.

* une aide-soignante : une personne qui aide les infirmières.

🎧 Phonétique, rythme et intonation

Discrimination [y] / [ø]

[y] = du / [ø] = deux

1. Écoutez et répétez.
   Ma mère est venue deux fois seulement en France.
   J'avais une vue superbe sur la mer.
   Un ciel bleu

2. Écoutez et cochez le son entendu.

	a	b	c	d	e
[y]					
[ø]					

Pour communiquer
- **S'il vous plaît (pour appeler quelqu'un)**
- **Vraiment ?**

Manière de dire
- **C'était le paradis (j'étais très heureuse)**
- **Mon grand frère (plus âgé)**
- **Vous savez (je vais vous dire qqch)**

Écoutez, lisez, comprenez

1 **Écoutez le dialogue : le présentateur de télévision.**

    a. se trouve où ?   **b.** Il attend qui ?   **c.** Pourquoi ?

2 **Dany est-elle contente de son séjour ? Pourquoi ?**

3 **Caractérisez ces noms avec un adjectif.**

    a. une somme d'argent

    b. les impressions de Dany

    c. sa maman

    d. une chambre

    e. son frère

4 **Vrai (V) ou faux (F) ?**

    a. La mère de Dany est venue deux fois en France   V   F

    b. Il a fait très beau pendant le séjour de Dany   V   F

    c. Dany a fait des études en France   V   F

    d. Fort-de-France / Paris, c'est loin   V   F

5 **Lisez cet article sur l'arrivée de Dany à Fort-de-France et retrouvez les trois erreurs.**

Aujourd'hui, Mme Dany Césaire, la grande gagnante du jeu de France 2 : La Roue de la Fortune, est arrivée à l'aéroport de Fort-de-France. Ses amis et sa famille l'attendaient avec beaucoup d'émotion. Après les embrassades, Dany s'est installée chez sa meilleure amie. Nous lui souhaitons un très bon séjour.

Grammaire et vocabulaire

Exercice 1

Conjuguez le verbe entre parenthèses
à l'imparfait ou au passé composé suivant
le contexte.

J'*(être)* la dernière des quatre enfants.

Un jour j'*(décider)* de partir. J'*(avoir)* 19 ans.
Nous *(être)* tristes.

Mes sœurs *(pleurer)*, mon frère *(ne pas parler)*
et ma mère me *(serrer)* dans ses bras.
Mais c'*(être)* la meilleure solution.

J'*(acheter)* un billet pour la France.

Je *(arriver)* à Paris en janvier, il *(faire)* froid
et gris mais une amie m'*(attendre)* à l'aéroport.

Mon cœur *(battre)* très fort, j'*(être)* émue
mais contente.

DEUX TEMPS DU PASSÉ : L'IMPARFAIT ET LE PASSÉ COMPOSÉ

Rappel :

L'imparfait exprime une action passée
considérée dans sa continuité. Il décrit un contexte,
une ambiance. Il sert à commenter : *C'était le paradis !*

Le passé composé exprime une action terminée,
ponctuelle, souvent datée, limitée, même si les limites
ne sont pas toujours exprimées. Il exprime une action
antérieure au présent.
J'ai quitté Fort-de-France en 1975. J'ai fait du bateau.

- **Utilisés ensemble, ces deux temps se
  complètent :** l'imparfait décrit ou commente
  la scène et le passé composé introduit des
  événements successifs.
  *Il faisait beau, j'ai fait du bateau, je me suis
  promenée.*

Exercice 2

Mettez à la forme affirmative ou négative.

a. J'ai quitté la Martinique. **b.** Elle n'a pas gagné
50 000 euros. **c.** Nous avons revu nos parents.
d. Sa mère est venue à Paris. **e.** Il n'a pas fait
beau. **f.** J'ai travaillé à 19 ans. **g.** Ils n'ont pas
voyagé seuls. **h.** Vous n'êtes pas arrivés à Paris.
i. J'ai pris l'avion. **j.** Il a attendu la dame.

LA NÉGATION (5)

Rappel : ne (n') + verbe + pas
Je ne parle pas créole.

Attention, au passé composé :
ne (n') + auxiliaire + pas + participe passé
Je n'ai pas vu Fort-de-France.

- **Autre négation :** ne ... jamais (pas une seule
  fois) *Je n'ai jamais vu Fort-de-France.*

**Aux temps composés, les éléments de la
négation encadrent l'auxiliaire.**

Exercice 3

Relevez tous les adjectifs du dialogue
et classez-les en : 1 – 2 – 3.

Exercice 4

Dans le dictionnaire, cherchez le sens de :

a. Un grand homme # un homme grand

b. Une voiture propre # ma propre voiture

c. Mon ancienne maison # une maison ancienne

d. Un enfant seul # un seul enfant

LA PLACE DES ADJECTIFS (2)

1. après le nom : **les adjectifs de couleur, de
   forme** → *Un ciel bleu*

2. avant le nom : **les adjectifs courts :** bon,
   beau, vieux, grand, gros → *ma vieille maman*
   les adjectifs ordinaux : premier, deuxième...
   vos premières impressions

3. parfois avant, parfois après le nom :
   une charmante dame = une dame charmante

- **Certains adjectifs** forment avec le nom une
  expression figée : *Mon grand frère = mon frère
  aîné.*

- **D'autres** changent de sens en changeant
  de place : *L'année dernière = l'année passée
  # La dernière année = l'année finale*

À vous !

1 **Jeu de rôles**

Par deux. Imaginez l'interview de Dany
par un journaliste antillais à son arrivée
à Fort-de-France et jouez la scène.

2 **À partir de l'histoire de Dany, imaginez
la publicité faite par TF1 pour le jeu de
la Roue de la Chance dans les journaux
télévisés.**

3 **Vous êtes le journaliste qui a interviewé
Dany à l'aéroport à son retour. Rédigez
un court article pour votre journal.**

....

4 **Le « paradis » pour vous, qu'est-ce que
c'est ? Rédigez en deux ou trois lignes.**

....

Civilisation   Les Antilles

Les grandes Antilles : Cuba,
Haïti, la Jamaïque et Porto
Rico.
Les petites Antilles : la
Guadeloupe et la Martinique
sont des DOM (départements
d'outre-mer avec des repré-
sentants dans les institutions
de la République française)
depuis 1946.

Un Antillais sur quatre vit en
France. Après une période de
forte immigration, on assiste
aujourd'hui à des retours de
plus en plus nombreux à
cause du taux de chômage
en France métropolitaine. Pour
les Français métropolitains,
les Antilles représentent la
première destination lointaine
de vacances. L'économie des Antilles est
fondée sur l'agriculture (banane et canne à
sucre) et sur le tourisme.
La langue parlée est le créole :
– *An pa sa palé kréyol :* je ne sais pas parler
créole
– *Pa ni pwoblèm :* il n'y a aucun problème
Aujourd'hui, la musique et la danse antillaises,
la biguine, le zouk, sont connues partout.

**1. Les Français vont en vacances aux
Antilles. Pourquoi à votre avis ?**

**2. Est-ce qu'il y a dans votre pays des
choses venues d'ailleurs et assimilées
comme :**

a. des habitudes alimentaires ?

b. du vocabulaire ?

Au voleur ! Au voleur !

Écoutez

1 SONIA : Arrêtez-le, arrêtez-le, il a volé mes affaires.

AHMADOU : Qu'est-ce qui se passe ? Qu'est-ce qu'il y a ?

SONIA : Oh ! Ce n'est pas possible ! Ce n'est pas vrai ! On m'a volé mon sac et mon appareil photo.

AHMADOU : Mais quand ?

SONIA : Mais là, maintenant, tout de suite ! J'étais assise près de la porte. Je lisais. Mon sac et mon appareil étaient sur mes genoux. Oh non! Qu'est-ce que je vais faire ? J'ai tout perdu !

AHMADOU : Il faut aller à la police porter plainte.

SONIA : Mais je vais faire comment ? Vous pouvez venir avec moi ?

AHMADOU : Oui, bien sûr. On y va.

SONIA : Oh merci.

AHMADOU : Allez, ne pleurez pas. Venez !

2 *Au commissariat…*

AHMADOU : Bonjour Monsieur. On a volé ses affaires…

L'INSPECTEUR : Asseyez-vous. Je suis à vous dans une minute.

Un quart d'heure plus tard…

L'INSPECTEUR : Alors, qu'est-ce qui s'est passé ?

SONIA : Bon, voilà, j'étais dans le métro, je lisais. Mon sac et mon appareil photo étaient sur mes genoux. Juste avant la station Montparnasse, un homme s'est assis à côté de moi. À la station, il a attrapé mon sac et mon appareil et il a sauté sur le quai et puis, rien. Il ne me reste rien.

L'INSPECTEUR : Vous pouvez décrire votre voleur ?

SONIA : Non. Je lisais. je n'ai vu que son dos. Il portait un blouson et un jean je crois, il était petit et il avait des cheveux longs.

L'INSPECTEUR : Bon, alors, on y va. Nous sommes le 6 janvier. Et il est 18 h 30. Alors, nom, prénom, profession…

3 *Une heure plus tard…*

AHMADOU : Allez, venez, je vous offre un petit café.

SONIA : Merci, c'est gentil.

AHMADOU : Alors, vous vous appelez Sonia. C'est joli. Et vous venez de Tunisie ?

SONIA : Oui. De Sfax.

AHMADOU : Moi, c'est Ahmadou, je viens de Côte d'Ivoire. C'est quoi, votre livre ? C'est bien ?

🎧 Phonétique, rythme et intonation

Les voyelles nasales : récapitulation et discrimination

Écoutez et répétez.

1. Rappel

[ã] Quand ? Dedans. Comment ?
[õ] Mon sac. Oh non ! Des cheveux longs.
[ɛ̃] Porter plainte. Rien.

2. Faites la différence entre les trois sons

On m'a volé mon sac, là maintenant. Il y avait tout dans mon sac. C'est arrivé avant la station Montparnasse. Il ne me reste rien.

Noms/pronoms

- des affaires
- un appareil photo
- un blouson en jean
- un commissariat
- le dos
- les genoux
- un homme
- la police
- une porte
- un sac
- la tête
- un vol
- un voleur

Verbes

- asseoir(s')
- attraper
- décrire
- être assis(e)
- lire
- passer(se)
- pleurer
- porter plainte
- sauter
- voler

Mots invariables

- à côté de
- avant
- juste
- quand ?

Pour communiquer

- Ce n'est pas possible.
- Ce n'est pas vrai.
- Oh non !

Manière de dire

- Je suis à vous (je m'occupe de vous) dans une minute (bientôt)
- On y va (on commence)
- Un petit café
- Qu'est-ce qui se passe ?
- Je crois (il me semble, je ne suis pas sûr)

Écoutez, lisez, comprenez

1 **Deux témoins racontent la scène du vol. Qui a raison ?**

a. Monsieur Berkane
Oui, j'ai vu le voleur. C'est une femme. Elle a des cheveux longs.
Elle porte un blouson et elle est petite.

b. Madame Tassin
Mais non ! C'est un homme, un blond avec des cheveux courts.
Il est petit et il porte une veste en jean.

Décrivez le voleur.

2 **Le vol s'est passé où ? Vers quelle heure ? Quel jour ?**

....

3 **Sonia n'a pas vu le voleur. Pourquoi ? Est-ce que c'est possible ?**

....

4 **Jeu de rôles**

a. Jouez la scène du vol entre Sonia et le voleur.

b. Un voyageur raconte la scène.

5 **Sonia et Ahmadou sont étrangers mais ils se comprennent. Expliquez oralement pourquoi.**

....

6 **Cherchez trois adjectifs pour qualifier le caractère d'Ahmadou. Vous l'imaginez comment ?**

Grammaire et vocabulaire

DEUX VERBES : S'ASSEOIR (VERBE PRONOMINAL) / ÊTRE ASSIS(E)

S'asseoir	*Je m'assois, tu t'assois, il s'assoit, nous nous asseyons, vous vous asseyez, ils s'assoient*

S'asseoir exprime une action en train de se faire / **être assis(e)** exprime le résultat de l'action

---

Exercice 1

Conjuguez au passé composé
ou à l'imparfait.

a. Je (*lire*) dans mon lit, j'(*être*) bien et soudain quelqu'un (*couper*) l'électricité.

b. Il (*faire*) très beau. C'(*être*) le dernier jour des vacances. Alors, nous (*prendre*) la voiture et nous (*aller*) à la plage.

c. Il (*être*) trop petit, il (*ne pas pouvoir*) attraper le pot de confiture, alors il (*monter*) sur une chaise et il (*tomber*).

Exercice 2

Trouvez la question.

a. ... ? – Je pars ce soir. **b.** ... ? – 25 euros.
c. ... ? – J'arrive de Tunis. **d.** ... ? – Ils commencent le 12 octobre. **e.** ... ? – Je vais au commissariat.

Exercice 3

Même exercice.

a. ... ? – C'est Sonia. **b.** ... ? – Quelqu'un a pris son sac. **c.** ... ? – C'est mon livre. **d.** ... ? – J'ai oublié mon parapluie. **e.** ... ? – C'est mon cousin.
f. ... ? – Il y a un embouteillage.

Exercice 4

Dites le contraire.

a. Je regarde les gens dans le métro.

b. J' ai vu le voleur.

c. J'ai tout perdu.

d. J'ai rencontré Ahmadou.

e. Je n'ai pas compris.

f. Je n'ai rien compris.

L'IMPARFAIT/LE PASSÉ COMPOSÉ

- Ils sont souvent utilisés ensemble dans un récit :
L'imparfait peint la scène, décrit la situation ou l'état, montre les actions dans leur continuité.
Le passé composé raconte les différentes actions qui arrivent dans ce contexte. C'est le passé composé qui fait progresser l'histoire.
Je lisais, mes affaires étaient sur mes genoux. L'homme est arrivé, il s'est assis. Il a pris mon sac.

L'INTERROGATION

Quand ? pose une question sur le moment de l'action – *C'est arrivé quand ? – Tout à l'heure.*

Qu'est-ce qui ou **qu'est-ce qu'il** avec les verbes **impersonnels** posent une question sur un fait, un événement
Qu'est-ce qui se passe ?
Qu'est-ce qu'il y a ?
– On m'a volé mon sac.

Rappel

- *C'est où ? C'est à Paris. – Tu viens d'où ? Je viens de Tunisie. – C'est combien ? C'est 12 euros. Tu t'appelles comment ? – Sonia*

- *Qu'est-ce que c'est ? – C'est + nom de chose
Qui c'est ? – C'est + nom de personne*

LA PLACE DE LA NÉGATION AU PASSÉ COMPOSÉ (6)

- ne (n') + auxiliaire + rien + participe passé (+ infinitif) : *Je n'ai rien vu # j'ai tout vu*

- **Rien** peut être complément d'objet direct :
Il ne me reste rien

Attention : ne (n') + auxiliaire + participe passé + que
Je n'ai vu que son dos

TOUT PRONOM

au singulier = la totalité de quelque chose   *J'ai tout perdu = j'ai perdu toutes mes affaires.*

À vous !

1 Quelle suite à l'histoire ? Imaginez deux fins différentes à la rencontre entre Sonia et Ahmadou et jouez-les.

2 Qu'est-ce qu'il y avait dans le sac de Sonia ? Imaginez et faites la liste.

3 Vous êtes l'inspecteur de police qui a pris la plainte de Sonia. Rédigez le rapport.

Civilisation   Les journaux en France

Il y a aujourd'hui en France six journaux nationaux qui paraissent tous les jours (six quotidiens) : *France-Soir, La Croix, Le Figaro,* *L'Humanité, Libération, Le Monde* (le plus lu). Il y a deux journaux gratuits : *Métro* et *20 minutes.*

1. **Voici une série d'informations et une liste des rubriques qui existent dans tous les journaux. Classez les informations dans la rubrique qui lui convient.**

Informations

1. L'Assemblée nationale rediscute la loi sur les 35 heures
2. Un mur s'est effondré dans le 20e arrondissement
3. L'ONU a élu son président
4. Les pays africains se réunissent au Caire
5. La police a arrêté deux trafiquants de drogue
6. Pluie et vent sur l'ouest de la France
7. Arrestation d'une postière à Savigny : elle lisait le courrier
8. Football : Bordeaux a gagné devant Nantes
9. Risque d'orages sur la Méditerranée
10. Les nouveaux pays de l'Union européenne
11. Ce soir, nouveau jeu télévisé sur TF1
12. Drame de l'alcoolisme : un père tue ses trois enfants
13. Mariage homosexuel en question
14. Le Premier Ministre anglais a démissionné
15. Rachat de l'usine Sacilor par le groupe Usinor
16. À 64 ans, elle accouche de triplés à Milan
17. Dimanche : demi-finale de hand-ball à Lille
18. Dernier épisode du feuilleton de l'été
19. Accident mortel sur le périphérique entre un autocar et un camion
20. Hausse spectaculaire des actions BIDON à la Bourse de Paris

Rubriques

a. Politique intérieure **b.** Affaires internationales
c. Économie et Finances **d.** Société **e.** Sports
f. Faits divers **g.** Radio/télévision **h.** Météo

2. **À partir de ces informations, vous pouvez définir ce qu'est un « fait divers » ?**

Maintenant, vous savez...

A **reconnaître le passé composé**

Exercice 1 Soulignez les verbes au passé composé. Il y en a dix.

Le 15 septembre 2004, Mariella est arrivée à Toulouse pour passer un semestre à l'université comme étudiante ERASMUS. C'est une jeune Italienne, elle est née à Venise mais elle a toujours habité dans le sud, à Naples.

Elle s'est installée dans un studio près de l'université du Mirail et elle est partie à la découverte de sa nouvelle ville. Elle a adoré Toulouse. C'est normal, tout le monde aime Toulouse !

Elle y a passé un semestre et elle a beaucoup pleuré quand elle a quitté ses amis.

Aujourd'hui, elle vit à nouveau à Naples, elle a commencé à travailler. Elle fait un stage dans une entreprise d'import-export ; cette entreprise a beaucoup de contacts avec la France. Mais pendant les vacances, elle retourne à Toulouse.

B **choisir l'auxiliaire qui convient au passé composé**

Exercice 2 Répondez par Vrai (V) ou Faux (F) aux assertions suivantes.

a. On utilise l'auxiliaire **être** avec les verbes pronominaux   V   F

b. Pour la majorité des verbes, on utilise l'auxiliaire **avoir**   V   F

c. On utilise **être** pour tous les verbes de mouvement   V   F

d. Au passé composé, l'auxiliaire (**être** ou **avoir**) est au futur   V   F

Exercice 3 Mettez au passé composé, comme dans l'exemple :

Pleurer → Elle a pleuré ;

a. Naître → Elle …

b. Faire un stage → Elle … un stage.

c. Avoir → Elle … de la chance.

d. Aller chez lui → Elle … chez lui.

e. Arriver à 10 heures → Elle … à 10 heures.

f. Nager → Elle …

g. Se promener → Elle …

C **avec l'auxiliaire *être*, accorder le sujet et le participe**

Exercice 4 Accordez le participe passé avec le sujet.

a. Hier matin, ma sœur et ma mère sont allé … à la piscine.

b. Mon père, lui, est parti … comme tous les samedis faire des courses au supermarché

c. Mon frère et moi, nous sommes resté … au lit jusqu'à midi.

d. Mes cousins sont arrivé … vers deux heures et nous sommes tous allé … au cinéma.

D utiliser l'imparfait

Exercice 5 Dans les phrases suivantes, quelle est la valeur de l'imparfait ?

   a. **il sert à indiquer des circonstances, une situation, un décor (Ci)**

   b. **il sert à exprimer quelque chose qui s'est répété dans le passé (R)**

   c. **il sert à commenter quelque chose dans un contexte passé (Co)**

   d. **il sert à décrire quelque chose dans un contexte passé (D)**

1. Quand j'étais enfant, **nous allions** chaque année passer nos vacances chez ma grand-mère Marie.

2. Hier, ce sont les oiseaux qui m'ont réveillé. J'ai ouvert la fenêtre : **c'était** magnifique ! Le ciel **était** tout bleu, le soleil **brillait** et la lumière **était** intense.

3. Tous les jours, mon père **partait** au travail à bicyclette. Tous les jours, ma mère lui **disait** de faire attention.

4. Mon amie Laurence a été reçue à son examen le mois dernier. **J'étais** bien contente pour elle !

5. L'entreprise a fermé ses portes. Personne n'a été surpris : la situation financière **était** très mauvaise depuis plusieurs mois.

6. Le 11 septembre 2001, ils **étaient** en vacances en Grèce, il **faisait** très beau et ils **se baignaient** tranquillement quand on leur a annoncé la nouvelle.

E choisir entre l'imparfait et le passé composé

Exercice 6 Quel temps allez-vous choisir ? Entourez la bonne réponse.

   a. Ils se mariaient / Ils se sont mariés le 25 septembre 1998.

   b. Avant 1936, les Français ne partaient pas / ne sont pas partis très souvent en vacances.

   c. Avant, tous les matins, il faisait / il a fait de la gymnastique. Mais maintenant, c'est fini. Il est trop vieux.

   d. Hier, à quelle heure arriviez-vous ? / êtes-vous arrivés ?

   e. Il arrivait / Il est arrivé au Danemark le 3 janvier.

   f. Tous les lundis, il arrivait / il est arrivé au travail mal réveillé, fatigué, de mauvaise humeur.

F placer correctement les adjectifs

Exercice 7 Complétez les phrases suivantes avec les adjectifs proposés.

   a. Ma voisine s'appelle Helena. (grecque)

   b. Hier, il y avait un ciel et un soleil. (bleu/beau)

   c. J'ai acheté une table. (jolie/ronde)

   d. Chris est un garçon. (grand/blond)

Exercice 8 Lisez cette phrase et répondez à la question.

Le 30 mars 2005, Karen explique : « J'ai très bien connu Harry la dernière année »

→ Elle a bien connu Harry en 2004. Vrai ou Faux ?

Compréhension orale

Écoutez et cochez ce que Valentine et Igor ont fait cette semaine.

a assister à un match de foot ☐

b. aller au concert des Têtes Raides ☐

c. faire un tour en bateau mouche ☐

d. dîner chez la tante Adèle ☐

e. se promener au bois de Vincennes ☐

f. monter en haut de la Grande Arche ☐

g. dîner chez Maxim's ☐

h. retrouver de vieux amis ☐

i. aller à la Comédie-Française. ☐

j. s'inscrire à l'université ☐

Expression orale

Regardez ces objets. Imaginez ce que Bruno et Julien ont fait dimanche dernier.

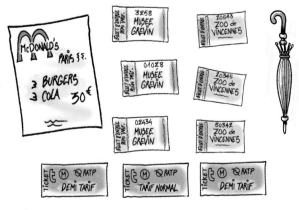

Bruno : ...

Julien : ...

Compréhension écrite

Exercice de compréhension globale : n'utilisez pas de dictionnaire. Essayez de comprendre le sens global du texte et répondez aux deux questions.

J'ai travaillé très jeune. À quinze ans, j'ai commencé comme apprenti chez un patron couvreur[1].

Il fallait monter sur les toits, j'étais mort de peur. Les journées de travail étaient longues : dix heures l'hiver et souvent douze heures l'été. Et la vie des apprentis n'était pas facile. Les ouvriers qualifiés les considéraient un peu comme leur esclave. Petit à petit, j'ai appris le métier.

À vingt-cinq ans, j'étais un bon ouvrier, je gagnais bien ma vie. Je me suis marié et nous avons eu trois gamins[2], comme ça, pan pan pan !, trois gamins en quatre ans !

Alors, là, j'ai pensé : « Albert, mon vieux, tu as bientôt trente ans, tu as une famille, des responsabilités… Il faut faire quelque chose ». Et je me suis installé à mon compte[3]. Au début, c'était dur mais je n'ai pas perdu courage. Et ma femme m'a beaucoup aidé. Elle fait la comptabilité.

Aujourd'hui, j'ai sept ouvriers ! Mon fils aîné travaille avec moi. Il est sérieux, Le second a dix-sept ans, il ne pense qu'à s'amuser. Le petit a quinze ans, il est au lycée.

1. il fait ou répare les toits
2. trois enfants (gamins = familier)
3. devenir travailleur indépendant, créer son entreprise

a. **Albert a quel âge quand il raconte sa vie ? Plus de 50 ans ou moins de 50 ans ?**

b. **Pourquoi est-ce qu'il a décidé de s'installer à son compte ?**

Expression écrite

En 1995, comment étiez-vous ? Qu'est-ce que vous faisiez ? Vous habitiez où ? Répondez en trois ou quatre lignes.

Le précis
GRAMMATICAL

La phrase simple

L'ordre habituel des mots dans la phrase est : sujet + verbe + éventuellement un 3ᵉ élément (attribut ou complément d'objet).

Je suis coréen ; j'étudie le français.

D'autres éléments (adjectifs, adverbes, compléments circonstanciels…) peuvent préciser le fait ou l'action :

Naomi lit. • Naomi lit un poème. • Ma fille Naomi lit un poème. • Ma fille aînée, Naomi, lit un superbe poème. • Maintenant, ma fille aînée, Naomi, lit un superbe poème dans sa chambre. • Maintenant, ma fille aînée, Naomi, passionnée de littérature, lit un superbe poème de Rimbaud, dans sa chambre, etc.

La phrase peut être assertive, interrogative ou exclamative.

1. La phrase assertive

Elle commence par une majuscule et se termine par un point.

Je m'appelle Claire. • Maëlle n'habite pas à Paris.

Elle donne une information, elle exprime une opinion, elle raconte un événement.

2. La phrase interrogative

Elle commence par une majuscule et se termine par un point d'interrogation.

Tu vas au cinéma ?

Elle pose des questions, elle demande une information. À l'oral, la voix monte à la fin de la phrase.

3. La phrase exclamative

Elle commence par une majuscule et se termine par un point d'exclamation.

Allez ! Dépêche-toi !

Elle exprime différents sentiments (la joie, la colère…) ou différentes situations (l'urgence, la surprise, l'étonnement…). À l'oral, on insiste souvent sur la dernière syllabe.

La forme interrogative

L'interrogation peut être totale ou partielle.

1. L'interrogation totale

Elle porte sur l'ensemble de la phrase,

– soit en montant la voix à la fin de la phrase assertive :

Tu veux un café ? Vous ne venez pas au cinéma ?

– soit en utilisant : « est-ce que » avant la phrase assertive :

Est-ce que tu veux un café ?

la réponse peut être : *oui* (acceptation)

la réponse peut être : *non* (refus)

– Il existe une troisième possibilité, plus formelle, c'est l'inversion du sujet :

Prendrez-vous un café ?

– l'interrogation a une forme négative,

Tu ne veux pas de café ?

la réponse peut être : *si* (acceptation)

non (refus)

Dans de nombreux cas, on ne se contente pas de répondre « oui », « si » ou « non » mais on ajoute un mot de politesse ou on reprend la phrase.

– *Est-ce que tu veux un café ? – Oui merci*

ou *– Oui, s'il te plaît* ou *– Oui, volontiers.*

– *Tu ne veux pas de café ?– Non merci*

ou *– Si, bien sûr* ou *– Si, si je veux du café.*

(À l'oral, les Français disent souvent deux fois si pour affirmer ou accepter quelque chose.)

2. L'interrogation partielle

Elle porte sur un élément de la phrase indiqué par un mot interrogatif comme :

– **l'adjectif quel/quelle/quels/quelles ?** Ils s'accordent en genre et en nombre avec le nom.

Le cours a lieu dans quel bâtiment ?

Dans quel bâtiment est-ce que le cours a lieu ?

Pierre arrive à quelle heure ?

À quelle heure est-ce que Pierre arrive ?

– **les pronoms qui ? qui est-ce qui ?** Ils posent une question sur une personne.

C'est qui ? C'est la voisine.

Qui est-ce qui achète les billets de train ?

C'est Marc

– les pronoms que ? qu'est-ce que ? quoi ? Ils posent une question sur une chose ou une action.

> *Qu'est-ce que c'est ? – C'est un ticket de métro.*
> = *c'est quoi ? (plus familier)*

> *Qu'est-ce que tu fais ? – Je téléphone à Susana.*
> = *tu fais quoi ? (plus familier)*
> = *que fais-tu ? (plus formel)*

– les adverbes : où ? d'où ? quand ? comment ? combien ? pourquoi ? Ils posent une question sur le lieu, le temps, la manière, la cause.

> *Tu vas où ? Où est-ce que tu vas ?*
> *– Je vais à l'université.*

> *Tu viens d'où ? D'où est-ce que tu viens ?*
> *– Je viens de la cafétéria.*

Il arrive quand ? Quand est-ce qu'il arrive ?
– Il arrive demain, à 10 h.

Elle s'appelle comment ? Comment est-ce qu'elle s'appelle ?
– Elle s'appelle Jeanne.

Le raisin coûte combien ? Combien est-ce que coûte le raisin ?
– Le raisin coûte 3,95 euros le kilo.

Vous apprenez le français pourquoi ?
Pourquoi est-ce que vous apprenez le français ?
– Nous apprenons le français parce que nous allons vivre à Paris.

3
La forme négative

1. La négation totale : non, ne (n')... pas

La négation porte sur l'ensemble de la phrase.
> *Tu connais Paris ? – Non.*
> *Tu parles chinois ? – Je ne parle pas chinois.*

Les deux éléments de la négation encadrent le verbe.

2. La négation partielle

• **Elle peut exprimer :**

– un changement : ne... plus (= avant, oui, maintenant, non).
> *Il est fatigué, il ne sort plus.*

– une restriction : ne... que (= seulement).
> *Elle n'aime que le chocolat noir.*

– une notion de temps : ne... jamais (= pas une seule fois).
> *Nous ne prenons jamais l'avion.*

Les deux éléments de la négation encadrent le verbe.

• **Elle peut porter sur des choses ou des personnes indéfinies.**

Rien est la négation de quelque chose.
> *– Il sait quelque chose ? – Non, il ne sait rien.*

Personne est la négation de quelqu'un.
> *– Il connaît quelqu'un ? – Non, il ne connaît personne.*

Attention
* Rien et personne peuvent être utilisés comme sujets.
> *Elle est difficile : rien ne lui plaît dans le magasin.*
> *Elle est seule, personne ne lui parle.*

* À l'oral, le premier élément « ne » disparaît souvent. Vous entendrez :
> *– Paul est arrivé ? – Je sais pas ou J'sais pas.*
> *– Tu viens au cinéma avec nous ? – Non, je peux pas ou J'peux pas.*

Mais le deuxième élément « pas » est toujours présent. Il est la marque de la négation.

3. La place de la négation

– Verbe à un temps simple (= un mot) → les éléments de la négation encadrent le verbe :
> *Je n'aime pas le cinéma. Je n'aime que le théâtre.*
> *Je ne vais jamais au cinéma.*
> *Je n'aime rien. Je n'aime personne.*

– Verbe à un temps composé (= deux mots, comme le passé composé) → les éléments de la négation encadrent l'auxiliaire.
> *Je n'ai pas visité Paris. Je n'ai jamais visité Paris.*
> *Je n'ai rien visité.*

Attention aux exceptions
> *Je n'ai visité que Paris. Je n'ai vu personne.*

– À l'impératif, les deux éléments de la négation encadrent le verbe.
> *Ne bougez plus ! N'écoutez que vos amis.*
> *Ne téléphonez jamais après 23 h.*

4. Le cas des articles indéfinis et partitifs

un, une, des
à la forme négative totale → **pas de**
> *Vous avez une voiture ? – Non, je n'ai pas de voiture.*
> *Vous avez des enfants ? – Non, je n'ai pas d'enfant.*

du, de la, de l', des
à la forme négative totale → **pas de**
> *Vous voulez du fromage ?*
> *– Non merci, je ne mange pas de fromage.*
> *Vous prenez des fruits le matin ?*
> *– Non, je ne prends pas de fruits.*

4

La sphère du nom

---

1. Le nom

– **Le nom propre** indique l'identité d'une personne, d'une ville, d'un pays. Il s'écrit avec une majuscule et peut être précédé ou non d'un article.
> *Elle s'appelle Noémie, elle habite à Paris.*
> *Paris est une belle ville. Noémie est mon amie.*
> *Elle connaît bien le Maroc.*

– **Le nom commun** désigne des personnes, des animaux, des choses, des abstractions. Il s'écrit avec une minuscule et est presque toujours accompagné d'un déterminant.
> *Le journaliste interroge les voisins. Il y a un chat sur le toit de la maison.*

2. Le genre et le nombre des noms

– **Le genre** : masculin ou féminin
Seul l'article indique le genre. Apprenez toujours le nom et l'article en même temps !
La terminaison du nom peut aider à déterminer son genre :
terminaisons en *-ment, -oir, -eau, -al, -et, -isme* → noms masculins

un appartement un monument	le savoir le tiroir	un chameau un bateau
un animal un terminal	un objet un jouet	le réalisme le syndicalisme

terminaisons en *-ion / -tion, -ité, -erie, -ude, -ure* → noms féminins

une action la division	une identité la bonté	une boulangerie la tricherie
la solitude la plénitude	une mesure la peinture	

Attention, il y a des exceptions.

– **Le nombre** : singulier ou pluriel
La plupart des noms au pluriel = singulier + -s à la fin
> *un étudiant → des étudiants*

Attention : le -s final ne s'entend pas.
Cas particuliers
– noms terminés par -s, -x ou -z → pas de -s final au pluriel
> *un Français → des Français.*
> *Il a une voix magnifique → ils ont des voix magnifiques.*
> *Sur cette peinture, les nez sont mal faits.*

– noms terminés par -al → pluriel en aux
> *un journal → des journaux*

– noms terminés par -eau, -eu → pluriel en -eaux, -eux
> *un bureau → des bureaux*
> *un cheveu → des cheveux*

– noms terminés par -ou → pluriel en -ous
> *un trou, des trous*

Attention, il y a des exceptions.

3. Les mots qui précèdent le nom : les déterminants

a. Les articles définis, indéfinis ou partitifs

En français les noms communs sont presque toujours précédés d'un article qui indique le genre : masculin ou féminin. Il n'y a pas de neutre.
> *le cinéma, la bibliothèque, un livre, une table*

Devant un nom qui commence par une voyelle ou un h muet, le et la → l'
> *l'opéra, l'hôtel.*

Impossible alors de savoir le genre du mot !

	singulier		pluriel
	masc.	fém.	masc./fém.
les articles définis les articles indéfinis les articles partitifs	le, l' un du	la, l' une de la de l'	les des des
Attention à + article défini → de + article défini →	au du		aux des

– Les articles définis désignent une personne ou une chose connues ou une notion.
> *À Paris, il y a la Seine. Les Martin vivent en France.*
> *Vive la liberté ! Le bonheur est ici.*

– Quand l'article masculin singulier et les articles pluriels sont précédés de la préposition *à* ou *de* ils sont contractés.

La fille des Martin ne vit pas en France. (des = de + les)
une glace au chocolat (au = à + le)

– Les articles indéfinis désignent une personne, une chose, un événement non déterminés :

Un enfant traverse la rue. Je vais voir une exposition. Il y a des embouteillages sur le périphérique.

– Les articles partitifs s'utilisent avec des noms non comptables.

Vous voulez du sel ? (= un peu de sel)
Vous prendrez du gâteau ? (= une part de gâteau)
Ils veulent du rire, de l'amitié.

Attention : cas particuliers

– Avec les expressions de quantité : beaucoup de, peu de, assez de, trop de… l'article disparaît.

Il mange trop de sel. Vous avez assez de salade ?

– Il disparaît aussi dans les phrases négatives.

Tu veux du pain ?
→ *Non merci, je ne veux pas de pain.*
Vous prenez de la confiture ?
→ *Non merci, nous ne prenons pas de confiture.*

– Comme + nom sans article

Tu fais quoi comme métier ?
– Je suis musicien.
Comme dessert, vous voulez quoi ?
– Nous voulons des glaces à la vanille.

Quand le nom n'est pas précédé d'un article, il peut être précédé d'un autre déterminant comme l'adjectif possessif ou démonstratif.

b. Les adjectifs possessifs

L'adjectif possessif varie selon la ou les personne(s) qui possède(nt) (1re, 2e ou 3e du singulier ou du pluriel) et le genre et le nombre des « choses » possédées.

Attention : devant un mot qui commence par une voyelle ou un h muet :
ma, ta, sa → mon, ton, son.

Ton amie est venue me voir dans mon école avec son adorable bébé.

L'adjectif possessif exprime l'appartenance de :

– quelqu'un à quelqu'un :
le père de Marc → *son père*

– quelque chose à quelqu'un :
les affaires de Mona → *ses affaires*

– quelque chose à quelque chose :
la roue de la voiture → *sa roue*

Attention

Devant les parties du corps, l'adjectif possessif est remplacé par l'article défini.

J'ai cassé mon bras → *Je me suis cassé le bras.*
Il a mal à sa tête → *Il a mal à la tête.*

c. Les adjectifs démonstratifs

L'adjectif démonstratif a le même genre et le même nombre que le nom.

LES ADJECTIFS DÉMONSTRATIFS	
singulier	pluriel
masculin ou féminin ce cette cet	masculin et féminin ces

L'adjectif démonstratif montre quelqu'un ou quelque chose (à l'oral, on l'accompagne souvent d'un geste de la main ou de la tête). Dans un texte, il désigne quelqu'un ou quelque chose qui a déjà été nommé.

Regarde ce manteau. Il est très bien pour moi.
Bonjour madame, je voudrais essayer ces chaussures s'il vous plaît.
Devant chez moi, il y a une statue de femme très belle. Cette statue appartient à la ville de Paris.

Attention

Devant un mot qui commence par une voyelle ou un h muet, ce → cet

Cet animal est très doux. Cet hôtel est bien placé.

LES ADJECTIFS POSSESSIFS			
	une « chose » possédée		plusieurs « choses » possédées
un possesseur	masculin ou féminin		masculin et féminin
1re personne	mon pull	ma veste mon écharpe	mes pulls/mes vestes mes écharpes
2e personne	ton pull	ta veste ton écharpe	tes pulls/tes vestes tes écharpes
3e personne	son pull	sa veste son écharpe	ses pulls/ses vestes ses écharpes
plusieurs possesseurs	masculin et féminin		masculin et féminin
1re personne	notre pull		nos pulls
2e personne	votre → veste		vos → vestes
3e personne	leur écharpe		leurs écharpes

4. Les mots qui accompagnent le nom : les adjectifs qualificatifs

L'adjectif qualificatif précise le nom ou le pronom. Il sert à décrire et à caractériser les personnes, les choses et les idées.

Zoé est une fille indépendante. Elle habite dans un quartier animé. Elle a toujours des idées géniales.

a. Le genre et le nombre des adjectifs qualificatifs

L'adjectif qualificatif doit avoir le même genre et le même nombre que le nom. On dit qu'ils s'accordent.

Je prends la robe bleue. Tu prends le manteau bleu. Nous aimons les vêtements bleus.

En général, le féminin de l'adjectif = masculin + -e

joli → jolie, blond → blonde, grand → grande

Attention : au féminin, on entend la consonne finale. Les adjectifs terminés par un -e ont la même forme au féminin.

*un touriste suisse/belge → une touriste suisse/belge
un film comique → une pièce de théâtre comique*

Mais il existe beaucoup de cas particuliers :
– redoublement de la consonne finale :

*sot → sotte
bon → bonne
brésilien → brésilienne*

– ou formes différentes au féminin :

*beau → belle
roux → rousse
grec → grecque*

Attention

Devant un nom masculin commençant par une voyelle ou un h muet, la terminaison de certains adjectifs changent.

*un nouveau jeu mais un nouvel an
un vieux monsieur mais un vieil homme
un beau soleil mais un bel été*

b. La place des adjectifs qualificatifs

– L'adjectif qualificatif se place <u>après</u> le nom généralement.

une voiture rouge, une table ronde, un journal satirique, un été chaud

– Mais de nombreux adjectifs, courts et fréquents, se placent <u>avant</u> le nom.

une jolie robe, une grande maison, un bon repas

Les adjectifs ordinaux aussi : premier, deuxième, dernier.

*C'est mon premier voyage à Paris.
Achète un deuxième ticket de métro.*

– Certains adjectifs peuvent changer de sens en changeant de place.

*un seul enfant (= 1) ≠ un enfant seul (non accompagné)
une voiture propre (≠ sale) ≠ ma propre voiture
(= la mienne)*

Attention

Quand un adjectif précède un nom au pluriel, l'article des → de.

*Il a fait des photos
→ Il a fait de belles photos.
Elle porte toujours des chapeaux superbes
→ Elle porte toujours de superbes chapeaux.*

c. Les comparatifs et les superlatifs

Pour comparer deux personnes ou deux choses, on utilise les comparatifs :
– aussi + adjectif + que (= égalité)

La pomme est aussi bonne que la poire.

– moins + adjectif + que (= infériorité)

Le bus est moins rapide que le métro.

– plus + adjectif + que (= supériorité)

Paola est plus petite que Monica.

Pour dire qu'une personne ou une chose est à un plus haut degré (négatif ou positif) que les autres, on utilise les superlatifs :
– le plus + adjectif + de…

C'est le plus gentil garçon de la terre !

– le moins + adjectif + de…

Il vend les légumes les moins chers du marché.

Attention aux comparatifs et superlatifs irréguliers

bon → meilleur, le meilleur

C'est un bon restaurant. Oui il est meilleur que le restaurant des Champs-Élysées. C'est le meilleur restaurant de Paris.

5. Les mots qui remplacent le nom : les pronoms

a. Les pronoms sujets

LES PRONOMS SUJETS				
	singulier (masc. ou fém.)		pluriel (masc. ou fém.)	
1re personne	je (j')		nous	
2e personne	tu/vous		vous	
3e personne	masc.	fém.	masc.	fém.
	il	elle	ils	elles
	indéfini			
	on			

Attention

* On dit tu aux amis, à la famille, aux enfants et vous à tous les autres.

* Vous = une personne ou plusieurs personnes mais le verbe est toujours au pluriel

* On peut désigner « les gens » en général (indéfini) ou « nous ».

*En France, on déjeune vers midi et demi.
Avec mes amis, on visite Paris.*

On est toujours suivi d'un verbe au singulier.

b. Les pronoms toniques

– Chaque pronom sujet peut être accompagné d'un pronom tonique de renforcement.

je → moi   nous → nous
tu → toi   vous → vous
il → lui   ils → eux
elle → elle   elles → elles

Moi, j'habite à Paris et toi, tu habites à Rome.
Lui, il habite à Tokyo ; elle, elle habite à Singapour.
Nous, nous habitons à Oslo et vous, vous habitez à Taïwan.

Attention

* Le pronom tonique ne peut pas être utilisé seul comme sujet du verbe.

Moi m'appelle Susana → moi, je m'appelle Susana

* Le pronom *on* n'a pas de pronom tonique sujet, mais il est souvent utilisé avec le pronom nous.

Nous, on va à la bibliothèque.

* Les pronoms toniques sont utilisés après les prépositions.

Tu viens chez moi ? – D'accord, je viens travailler avec toi.

c. Les pronoms COD (= compléments d'objet direct)
➡ Voir la sphère du verbe

Les noms compléments d'objet direct d'un verbe peuvent être remplacés par des pronoms COD.

Je regarde la télévision → Je la regarde.
Max aime les chats → Max les aime.

1re personne

masculin/féminin singulier   me, m'
masculin/féminin pluriel   nous

2e personne

masculin/féminin singulier   te, t'
masculin/féminin pluriel   vous

3e personne	pronoms COD
masculin singulier	le, l'
féminin singulier	la, l'
masculin pluriel	les
féminin pluriel	les

d. Les pronoms COI (= compléments d'objet indirect)
➡ Voir la sphère du verbe

Les noms compléments d'objet indirect d'un verbe peuvent être remplacés par des pronoms COI.

Je téléphone à mon ami → Je lui téléphone.

	singulier	pluriel
1re personne masculin/féminin	me, m'	nous
2e personne masculin/féminin	te, t'	vous
3e personne masculin féminin	lui lui	leur leur

Attention

* Les pronoms COD et COI se placent avant le verbe sauf à l'impératif.

Ce livre est génial, je le lis avec plaisir
→ Lis-le aussi.
Tu lui donnes un ticket de métro
→ Donne-lui un ticket de métro.
Vous leur apprenez le français
→ Apprenez-leur le français.

* À l'impératif négatif, les pronoms COD ou COI se placent avant le verbe.

Ne mangez pas ce champignon, il n'est pas bon
→ Ne le mangez pas, il n'est pas bon.
Ne téléphone pas à Léa ce soir, elle rentre très tard
→ Ne lui téléphone pas ce soir, elle rentre très tard.

e. Les pronoms démonstratifs

– ce (c')

Vous le trouvez avec le verbe être dans la forme verbale : *c'est*, très utilisée en français.

Il sert :

– à présenter quelqu'un ou quelque chose :

C'est Maria, c'est mon amie.
C'est le Pont Neuf.
C'est un beau livre.
C'est toi ? (c'est + pronom tonique)

– à poser des questions :

c'est où ? C'est combien ? C'est quand ?
C'est quoi ?

– à répondre à des questions :

C'est + un adjectif, + un adverbe, + un nombre, + une date, + un numéro

Des bottes à 200 euros ? C'est cher.
Le BHV c'est où ? C'est loin.
Vos tomates, c'est combien ?
C'est deux euros le kilo.
L'anniversaire de Mamie, c'est quand ?
C'est le 12 octobre.
Ton téléphone, c'est quoi ? C'est le 06 18 23 56 09.

Vous le trouvez aussi dans les interrogations : est-ce que ? et qu'est-ce que ?

Est-ce que tu viens au cinéma ? Qu'est-ce qu'on fait ce soir ?

– ça (familier) :

Il s'emploie comme sujet neutre avec des verbes autres que « être » :

Ça coûte combien ? Ça m'intéresse. Ça me va.

Il s'emploie comme complément, pour désigner quelque chose ou reprendre une idée :

Prends ça, c'est bon. On fait ça, d'accord.

Vous le trouvez dans les expressions très fréquentes :

Comment ça va ? Ça va, merci. Ça y est.
Ça suffit.

f. Les pronoms indéfinis

Ils peuvent être sujets ou compléments d'un verbe. Ils expriment :

– la quantité nulle : aucun / aucune, personne, rien
   Aucun enfant n'est malade / Je n'ai trouvé aucune erreur dans le texte.
   Personne n'est venu / Je ne vois personne.
   Rien n'est impossible / Il ne mange rien.

Attention
Ces pronoms s'emploient avec un verbe à la forme négative. Ils sont accompagnés de ne.

– la singularité : un / une autre, chacun, quelqu'un, quelque chose
   Un autre étudiant est arrivé / Je prends une autre direction.

Il y a quelqu'un ici ? / Quelqu'un peut me renseigner ?
Vous cherchez quelque chose ? / Quelque chose est arrivé ?

– la pluralité : d'autres
   D'autres livres sont parus / Il connaît d'autres langues.

Attention
Le pluriel de un autre → d'autres ~~(des autres)~~

– la totalité plurielle : tous / toutes, tout le monde, tout :
   Tous aiment ce grand-père / Il les aime tous.
   Tout est possible / Elle sait tout.

Attention
Tout + verbe au singulier.

5
La sphère du verbe

Le verbe est le cœur de la phrase. Il peut exprimer :
– un état : *Je suis musicien. Elle est fatiguée.*
– une caractéristique : *Elle parle chinois. Ils sont grands.*
– une action : *Nous visitons Paris. Vous achetez une voiture.*

Dans votre dictionnaire, vous le trouvez, par ordre alphabétique, au mode infinitif.

1. Les différents types de verbes

a. Les verbes personnels

Ils sont toujours accompagnés d'un sujet. Ils s'accordent avec lui.

– Ce sujet peut être un nom singulier ou pluriel.
   Un oiseau chante/des oiseaux chantent.

Attention
Le pluriel des verbes est toujours en -nt. Il ne s'entend pas.

– Ce sujet peut être un pronom (1re, 2e ou 3e personne) au singulier ou au pluriel.
La terminaison du verbe change suivant la personne du pronom sujet.   ➡ Voir le tableau des conjugaisons
   Je chante, tu chantes, elle chante, nous chantons, vous chantez, elles chantent
C'est la liaison entre le pronom pluriel et le verbe commençant par une voyelle ou un h muet qui peut indiquer le pluriel à l'oral.
   Ils aiment la musique classique.
   Elles habitent dans le 12e arrondissement.

b. Les verbes impersonnels

Ils n'ont pas de sujet personnel. Ils sont toujours utilisés avec le pronom il qui ne représente rien ni personne. Le verbe est toujours au singulier.
   Exemple : falloir → il faut prendre un bus. Il faut un parapluie en avril à Cherbourg.

C'est aussi le cas :
– des verbes qui parlent de la pluie et du beau temps :
   Il pleut. Il neige. Il vente.
– Certains verbes peuvent devenir impersonnels comme *faire* + un adjectif :
   Il fait beau, il fait chaud. Il fait mauvais, il fait froid.
– La locution *Il y a* est une forme impersonnelle. Elle peut être suivie d'un nom singulier ou pluriel.
   Il y a un étudiant dans la salle. Il y des étudiants dans la salle.

c. Les verbes pronominaux

Ils sont toujours accompagnés d'un sujet (nom ou pronom) et d'un pronom réfléchi de la même personne.
   Mon amie s'appelle Sarah = elle s'appelle Sarah.
   Paul et Mina s'installent dans un nouveau studio = Ils s'installent dans un nouveau studio.
À l'impératif, le pronom réfléchi se place après le verbe.
   Vous vous asseyez → Asseyez-vous.
   Tu te dépêches ! → Dépêche-toi !
À la forme négative :
   Ne te dépêche pas !

2. Les constructions des verbes

a. Verbe sans complément d'objet
Le bébé marche.

b. Verbe + attribut
Daniel est heureux.

c. Verbe + complément d'objet direct (COD)
Daniel aime Marion.

Ce complément est une réponse à la question quoi ? ou qui ? et il peut être remplacé par un pronom complément.

J'achète un ordinateur (J'achète quoi ? → un ordinateur)
→ Je l'achète. • Je regarde le bébé (Je regarde qui ?
→ le bébé) → Je le regarde.

d. Verbe + complément d'objet indirect
Daniel parle à Marion.

Quand le complément est séparé du verbe par une préposition, on dit qu'il est indirect (COI).

Je téléphone à mon père (Je téléphone à qui ?
→ à mon père) → Je lui téléphone.
Je parle à mes amis → Je leur parle.

⇒ Voir le tableau des pronoms COD et COI

Attention
* Certains verbes sont toujours suivis d'un nom complément : exemple : Prendre
Je prends le métro. Je prends un café.
* D'autres sont toujours suivis d'un infinitif complément : exemple : Pouvoir
Tu peux fermer la fenêtre s'il te plaît.
* La majorité des verbes peut avoir des compléments différents (des noms ou des infinitifs) :
Je veux un vélo / Je veux faire du vélo.
J'aime la musique / J'aime chanter

e. Verbe + compléments circonstanciels
Daniel va à Paris, en octobre.

3. Les temps du verbe au mode indicatif

Le mode indicatif est le mode de la narration, de la description, de l'opinion, en général. C'est le mode qui a le plus grand nombre de temps :
– des temps simples (= un mot) :
le présent (*J'habite à Paris*) l'imparfait (*J'habitais à Paris*) le futur simple (*J'habiterai à Paris*)
– des temps composés (= deux mots : un auxiliaire + un participe passé)
le passé composé (*J'ai habité à Paris*) = auxiliaire être ou avoir au présent + participe passé.
Les temps indiquent le moment où se passe l'action.
Ils expriment aussi les rapports chronologiques (passé, présent, futur) entre les différentes actions.

a. Le présent
Il exprime :
– le moment de l'énonciation : *Il regarde la télévision.*
(= il est en train de regarder la télévision).
être en train de + un infinitif = « présent progressif »
= l'action se déroule au moment où on parle.
– une habitude : *L'été, on part à la campagne.*
– une vérité générale : *Le soleil se lève à l'est.*

b. Le futur
– Le futur simple exprime une action qui n'est pas encore réalisée et qui se situe dans un avenir plus ou moins proche. Le verbe est souvent accompagné d'un adverbe ou d'un complément de temps.
Demain, nous déjeunerons avec Tom.
L'année prochaine, il habitera à Londres.

– Le futur proche = aller + un infinitif
L'action se situe dans peu de temps (# du futur simple qui exprime une action plus lointaine, plus incertaine).
D'accord, je vais le faire. (= tout de suite ou très bientôt)
Oui, oui, je le ferai. (= un jour, peut-être)

c. Le passé
• **Le passé récent :** venir de + un infinitif
L'action est finie depuis peu de temps.
Il vient de partir.

• **L'imparfait exprime aussi :**
– une action en train de se faire :
Il regardait la télévision.
– une habitude :
L'été, on allait à la campagne.
mais ces actions se situent dans un contexte passé.

• **Le passé composé :** auxiliaire être ou avoir + participe passé du verbe
J'ai téléphoné à mes parents.
Nous sommes arrivés en France en 1982.
Il indique qu'une action a été faite dans le passé et qu'elle est terminée :
Ce matin, j'ai arrosé le jardin.
Qu'est-ce que tu as fait hier ?
– Je suis allée au cinéma.
Tous les verbes du 1er groupe (terminaison en -er) ont un participe passé en -é :
aller → allé,
manger → mangé,
téléphoner → téléphoné
Tous les verbes du 2e groupe (terminaison en -ir, modèle finir) ont un participe passé en -i :
finir → fini
rougir → rougi

Mais tous les verbes du 3e groupe (terminaisons en -ir, en -re, en -oir) ont des participes passés irréguliers :

naître → né, mourir → mort, avoir → eu, être → été

Attention

* Le participe passé de *être* (été) est invariable.
Mais les autres participes passés, utilisés avec l'auxiliaire *être*, s'accordent avec le sujet du verbe.

Elle est allée au Louvre. Nous sommes partis à 8 h.

* Avec l'auxiliaire *avoir*, il n'y a pas d'accord avec le sujet du verbe.

Elle a visité le Louvre. Nous avons quitté nos amis à 8 h.

* La majorité des verbes utilise l'auxiliaire *avoir* pour former les temps composés.
Mais quelques verbes d'état et de mouvement utilisent l'auxiliaire *être* :

aller, arriver, descendre, entrer, mourir, naître, partir, passer, rester, retourner, sortir, tomber, venir.
Vous devez les apprendre !

* Les verbes pronominaux utilisent aussi l'auxiliaire *être*.
Elle s'est assise dans le parc. Nous nous sommes promenés.

d. La relation imparfait / passé composé

À l'oral et à l'écrit, vous trouvez souvent des verbes à l'imparfait et des verbes au passé composé utilisés successivement. Ces deux temps se complètent.
L'imparfait sert à décrire une scène, des personnes, à visualiser un décor, le passé composé introduit des actions ponctuelles, progressives dans ce décor.

Il faisait nuit, il n'y avait pas un bruit dans la maison, tout le monde dormait. Tout à coup, quelqu'un a crié dans la rue, le chien a aboyé, une voiture a démarré, puis le silence est revenu.

4. Les autres modes

a. Le mode infinitif

Est la carte d'identité du verbe. Les verbes terminés par -er sont du premier groupe (modèle danser ➡ Voir le tableau des conjugaisons). Ils sont réguliers (sauf aller)
Les verbes terminés par -ir sont du 2e groupe (modèle finir ➡ Voir le tableau des conjugaisons)
Certains verbes terminés par -ir (modèle venir ➡ Voir le tableau des conjugaisons), par -oir (pouvoir, voir, savoir) par -re (faire, prendre) sont du 3e groupe. Ce sont des verbes irréguliers, c'est-à-dire qu'ils ont des formes propres. Vous devez les apprendre.

b. Le mode conditionnel

Est utilisé pour exprimer :
– des formes de politesse : *Je voudrais un café.*
– des désirs : *J'aimerais parler français.*
– des suggestions, des conseils : *Tu pourrais faire une nouvelle formation.*
– des hypothèses irréelles : *Je déménagerais bien !*

c. Le mode impératif

Est utilisé pour communiquer directement avec une ou plusieurs personnes. Il donne un conseil, un ordre suivant le contexte.

Soyez prudents.
Entrez ! Écoutez et répétez.

6
Tableaux des conjugaisons

1. Verbes réguliers

– Verbes en -er (aimer, danser, manger, parler, travailler, s'appeler...). Ils ont une conjugaison régulière, sauf aller (voir les verbes irréguliers)

DANSER					
Présent	Imparfait	Passé composé	Futur	Conditionnel	Impératif
je danse	je dansais	j'ai dansé	je danserai	je danserais	
tu danses	tu dansais	tu as dansé	tu danseras	tu danserais	danse
il/elle danse	il/elle dansait	il/elle a dansé	il/elle dansera	il/elle danserait	
nous dansons	nous dansions	nous avons dansé	nous danserons	nous danserions	dansons
vous dansez	vous dansiez	vous avez dansé	vous danserez	vous danseriez	dansez
ils/elles dansent	ils/elles dansaient	ils/elles ont dansé	ils/elles danseront	ils/elles danseraient	

Attention

Les verbes terminés par -cer (commencer) : c → ç devant a et o : je commence, nous commençons, il commençait.
Les verbes terminés par -ger (manger) : g → ge devant a et o : je mange, nous mangeons, il mangeait.

– Verbes en -ir (finir, choisir, agir). Ils ont une forme en -iss à certaines personnes et à certains temps.

FINIR					
Présent	Imparfait	Passé composé	Futur	Conditionnel	Impératif
je finis	je finissais	j'ai fini	je finirai	je finirais	
tu finis	tu finissais	tu as fini	tu finiras	tu finirais	finis
il finit	il finissait	il a fini	il finira	il finirait	
nous finissons	nous finissions	nous avons fini	nous finirons	nous finirions	finissons
vous finissez	vous finissiez	vous avez fini	vous finirez	vous finiriez	finissez
ils finissent	ils finissaient	ils ont fini	ils finiront	ils finiraient	

2. Verbes irréguliers

Vous devez connaître parfaitement les conjugaisons des verbes être et avoir qui servent à former tous les temps composés.

ÊTRE					
Présent	Imparfait	Passé composé	Futur	Conditionnel	Impératif
je suis	j'étais	j'ai été	je serai	je serais	
tu es	tu étais	tu as été	tu seras	tu serais	sois
il est	il était	il a été	il sera	il serait	
nous sommes	nous étions	nous avons été	nous serons	nous serions	soyons
vous êtes	vous étiez	vous avez été	vous serez	vous seriez	soyez
ils sont	ils étaient	ils ont été	ils seront	ils seraient	

AVOIR					
Présent	Imparfait	Passé composé	Futur	Conditionnel	Impératif
j'ai	j'avais	j'ai eu	j'aurai	j'aurais	
tu as	tu avais	tu as eu	tu auras	tu aurais	aie
il a	il avait	il a eu	il aura	il aurait	
nous avons	nous avions	nous avons eu	nous aurons	nous aurions	ayons
vous avez	vous aviez	vous avez eu	vous aurez	vous auriez	ayez
ils ont	ils avaient	ils ont eu	ils auront	ils auraient	

Et celles des principaux verbes irréguliers : aller, connaître, devoir, faire, savoir, pouvoir, prendre, venir et vouloir

ALLER					
Présent	Imparfait	Passé composé	Futur	Conditionnel	Impératif
je vais	j'allais	je suis allé(e)	j'irai	j'irais	
tu vas	tu allais	tu es allé(e)	tu iras	tu irais	va
il va	il allait	il est allé elle est allée	il ira	il irait	
nous allons	nous allions	nous sommes allés/allées	nous irons	nous irions	allons
vous allez	vous alliez	vous êtes allé/allés/allées	vous irez	vous iriez	allez
ils vont	ils allaient	ils sont allés elles sont allées	ils iront	ils iraient	

CONNAÎTRE					
Présent	Imparfait	Passé composé	Futur	Conditionnel	Impératif
je connais	je connaissais	j'ai connu	je connaîtrai	je connaîtrais	
tu connais	tu connaissais	tu as connu	tu connaîtras	tu connaîtrais	connais
il connaît	il connaissait	il a connu	il connaîtra	il connaîtrait	
nous connaissons	nous connaissions	nous avons connu	nous connaîtrons	nous connaîtrions	connaissons
vous connaissez	vous connaissiez	vous avez connu	vous connaîtrez	vous connaîtriez	connaissez
ils connaissent	ils connaissaient	ils ont connu	ils connaîtront	ils connaîtraient	

FAIRE

Présent	Imparfait	Passé composé	Futur	Conditionnel	Impératif
je fais	je faisais	j'ai fait	je ferai	je ferais	
tu fais	tu faisais	tu as fait	tu feras	tu ferais	fais
il fait	il faisait	il a fait	il fera	il ferait	
nous faisons	nous faisions	nous avons fait	nous ferons	nous ferions	faisons
vous faîtes	vous faisiez	vous avez fait	vous ferez	vous feriez	faites
ils font	ils faisaient	ils ont fait	ils feront	ils feraient	

POUVOIR

Présent	Imparfait	Passé composé	Futur	Conditionnel	Impératif
je peux	je pouvais	j'ai pu	je pourrai	je pourrais	
tu peux	tu pouvais	tu as pu	tu pourras	tu pourrais	
il peut	il pouvait	il a pu	il pourra	il pourrait	n'existe pas
nous pouvons	nous pouvions	nous avons pu	nous pourrons	nous pourrions	
vous pouvez	vous pouviez	vous avez pu	vous pourrez	vous pourriez	
ils peuvent	ils pouvaient	ils ont pu	ils pourront	ils pourraient	

PRENDRE

Présent	Imparfait	Passé composé	Futur	Conditionnel	Impératif
je prends	je prenais	j'ai pris	je prendrai	je prendrais	
tu prends	tu prenais	tu as pris	tu prendras	tu prendrais	prends
il prend	il prenait	il a pris	il prendra	il prendrait	
nous prenons	nous prenions	nous avons pris	nous prendrons	nous prendrions	prenons
vous prenez	vous preniez	vous avez pris	vous prendrez	vous prendriez	prenez
ils prennent	ils prenaient	ils ont pris	ils prendront	ils prendraient	

VENIR

Présent	Imparfait	Passé composé	Futur	Conditionnel	Impératif
je viens	je venais	je suis venu(e)	je viendrai	je viendrais	
tu viens	tu venais	tu es venu(e)	tu viendras	tu viendrais	viens
il vient	il venait	il est venu	il viendra	il viendrait	
nous venons	nous venions	nous sommes venus(es)	nous viendrons	nous viendrions	venons
vous venez	vous veniez	vous êtes venu (e) (es)	vous viendrez	vous viendriez	venez
ils viennent	ils venaient	ils sont venus	ils viendront	ils viendraient	

SAVOIR

Présent	Imparfait	Passé composé	Futur	Conditionnel	Impératif
je sais	je savais	j'ai su	je saurai	je saurais	
tu sais	tu savais	tu as su	tu sauras	tu saurais	sache
il sait	il savait	il a su	il saura	il saurait	
nous savons	nous savions	nous avons su	nous saurons	nous saurions	sachons
vous savez	vous saviez	vous avez su	vous saurez	vous sauriez	sachez
ils savent	ils savaient	ils ont su	ils sauront	ils sauraient	

VOULOIR

Présent	Imparfait	Passé composé	Futur	Conditionnel	Impératif
je veux	je voulais	j'ai voulu	je voudrai	je voudrais	
tu veux	tu voulais	tu as voulu	tu voudras	tu voudrais	veuille
il veut	il voulait	il a voulu	il voudra	il voudrait	
nous voulons	nous voulions	nous avons voulu	nous voudrons	nous voudrions	veuillons
vous voulez	vous vouliez	vous avez voulu	vous voudrez	vous voudriez	veuillez
ils veulent	ils voulaient	ils ont voulu	ils voudront	ils voudraient	

Leçon 1

p. 15

exercice 1 • étudiante – canadien – française

exercice 2 • 1. Bonjour, je m'appelle Charles Lunel, je suis étudiant, je suis belge et j'habite à Bruxelles. 2. Allô, bonjour. Je m'appelle Sonia Lebreton, je suis actrice, je suis française et j'habite à Paris.

exercice 3 • Allô, bonjour. Ici, c'est Jean-Paul Berger. Je suis directeur commercial et j'habite place de Toulouse, à Nice.

exercice 4 • Je m'appelle Tom, Thomas Tardini ; je suis canadien, j'habite à Montréal. Je suis professeur de musique.
• Moi, je m'appelle Anna Ferran ; je suis canadienne, j'habite à Montréal. Je suis étudiante.

Leçon 2

p. 21

A Je m'appelle Hector Morin. Je suis français, je suis étudiant en informatique. J'habite avenue du Brésil, à Bordeaux.
B Moi, c'est Elsa, Elsa Martin. Je suis canadienne. Je suis étudiante en musique. J'habite rue de Lyon.

Leçon 3

p. 23

exercice 1 •
Bonjour, c'est moi, Monica Bazzi. Je suis italienne. Je suis petite et brune.
Moi, c'est Christopher Warwick, je suis anglais. Je suis blond et très grand.
Je m'appelle Paola Antoneen. Je suis finlandaise. Je suis grande et blonde.

exercice 2 • 1. Moi, j'adore la cuisine, toutes les cuisines, la cuisine française, la cuisine finlandaise, la cuisine italienne… 2. J'aime beaucoup les spectacles : la danse moderne, le théâtre, l'opéra, les expositions…

Leçon 4

p. 27

exercice 1 • 1. J'ai un bébé, deux chats. 2. Le nouveau voisin ? Il est journaliste, il travaille à la radio. 3. Regarde, Mélina est là, elle est avec Nikos. 4. Salut, ça va ? Moi, je vais à l'école.

exercice 2 • a. Il est français. b. Il va à la crèche. c. Ils sont journalistes. d. Il(s) travaille(nt) à la radio. e. Elles viennent de Grèce. f. Ils ont deux chats. g. Elle sait tout. h. Elle(s) danse(nt) bien. i. Il(s) parle(nt) français. j. Ils vont à la bibliothèque.

exercice 3 • a. Il va à la crèche ? b. Elle a deux chats. c. Ils sont beaux ! d. Elle est grecque ? e. Il s'appelle Nikos. f. Il est journaliste. g. C'est toi, Sophie ? h. Ça va ?

À vous

p. 29

1. Bonjour. Vous allez bien ?
2. Vous êtes de quelle nationalité ?
3. Vous avez 22, 23, 24 ans ?
4. Vous parlez français ?
5. Vous habitez où ?
6. Vous êtes étudiant ou vous travaillez ?
7. Vous aimez la musique ?
8. Quel type de musique ? moderne ? classique ?

Vers le Delf A1

p. 32

exercice 1 •
– Je suis français et je m'appelle Jacques Lancien, je suis architecte. J'habite 12 rue de Londres. C'est à Paris.

exercice 2 •
– Bonjour, je m'appelle Vanessa Wang et j'ai 29 ans. Je suis professeur de musique. J'habite à Genève. J'ai deux enfants, Michaël et Laura.

Leçon 5

p. 35

exercice 1 • Tom et Noriko sont à la cafétéria. Lily va au cinéma. Sami va au Luxembourg. Lucie vient de la bibliothèque. Claire vient du laboratoire.

À vous

p. 37

Aujourd'hui mardi, Sami va à la piscine. Demain mercredi, il va au cours de français. Jeudi, il va à la bibliothèque et samedi, il va au cinéma avec Lily.

Leçon 6

p. 39

exercice 1 • – Bonjour, madame. Nous venons pour le cours de M. Blanc, le mardi à 9 heures.
– Oui. Vous vous appelez comment, s'il vous plaît ?
– Thomas Hansen et Susana Ricci.
– Hansen et Ricci, d'accord.
– Au revoir, madame. Merci beaucoup.
– De rien. Au revoir.

exercice 2 • a. un étudiant b. un musée célèbre c. une année exceptionnelle d. un jour e. une salle de cours f. un appartement g. une inscription h. une université

exercice 3 • Bonjour. Je m'appelle Éliane Longuet, je suis secrétaire à l'université, dans le département d'informatique. Je travaille à l'université depuis dix ans ; j'habite à Vincennes. J'ai 42 ans.

exercice 4 • Susana, bonjour. C'est Thomas. Je t'appelle pour les cours de littérature française. J'ai les horaires. Tu notes ?
Alors, voilà. Lundi de 9 h à 11 h, littérature du Moyen Âge. Bâtiment C, salle 013. Le professeur, c'est M. Vernant.
Lundi après-midi de 14 h à 16 h : le roman français. Bâtiment C, salle 025. Professeur : M. Legrand.
Mardi de 9 h à 11 h. Informatique. Bâtiment C, salle 046. Avec M. Blanc.
Mercredi, rien. Mais le jeudi, oh là là !! C'est terrible ! Écoute ! Jeudi de 8 h à 10 h, sociologie de la littérature. Bâtiment C, salle 013. Professeur : M. Braun. B.R.A.U.N. De 11 à 13 h : littérature francophone. Bâtiment A, salle 061. M. Laurent. Et de 17 h à 19 h : latin. Bâtiment A, salle 046. Avec Mme Thomas. Ouf ! Ça fait six heures de cours, le jeudi !
Vendredi de 16 h à 18 h : anglais. Bâtiment B, salle 101. Professeur : Jean-Charles Mahée. M.A.H.É.É.
En tout, ça fait quatorze heures de cours. C'est beaucoup, non ? Allez, salut. Tu me rappelles chez moi ? Ciao.

Leçon 7

p. 43

exercice 1 • Pour revenir chez lui, Victor prend le métro à Montparnasse, ligne 6, direction Charles de Gaulle-Étoile. Là, il change et prend le RER A1 jusqu'au terminus et enfin un bus jusqu'à chez lui. Il a deux stations de bus.

Leçon 8

p. 47

exercice 1 • Nous sommes boulevard Saint-Germain, à l'angle du boulevard Saint-Michel. Vous prenez le boulevard Saint-Michel jusqu'à la Seine. Vous arrivez sur le quai Saint-Michel. Vous ne traversez pas. Vous continuez par le boulevard du Palais, à droite. Ensuite, prenez le Pont au Change et tournez à gauche, quai de Gesvres.

Vers le Delf A1

p. 52

Allô, bonjour, c'est une confirmation pour un séjour en Grèce. Référence 23 54. – Le voyage à 350 euros. Très bien. Quel est votre nom ? – Gabriel Thomas. Thomas, c'est le nom de famille et Gabriel, le prénom. – Pas de changement ? – Non, non. Départ de Roissy-Charles de Gaulle, à Paris le 25 juillet à 11 h 45 et arrivée à Athènes à 14 h 05. – Merci beaucoup.

Leçon 9

p. 55

exercice 3 • 1. a. Les tomates, c'est cher ? 2. a. C'est deux euros les trois kilos ! 3. b. C'est bon pour la santé. 4. a. Et une petite salade ? 5. a. Dix euros trente.

Leçon 10

p. 59

exercice 3 • – On prend le menu ? – Si tu veux ? Qu'est-ce qu'il y a ? – Alors… de la salade de tomates, du saucisson sec, du pâté de campagne… après : de la paella, un steak frites, du poisson grillé et comme dessert : de la crème à la vanille, des glaces… Il y a aussi du fromage, si tu veux.

Leçon 11

p. 63

exercice 2 • Je vais chez mon amie Susana. On dîne au restaurant. Tu viens ?

exercice 3 •

– Bon alors, tu ouvres oui ou non ?

– Allô, bonjour. C'est moi, Vincent. Je voudrais parler à Virginie, s'il vous plaît.

– Salut, c'est moi, Vincent. Tu ouvres, s'il te plaît ?

Leçon 12

Grammaire

p. 68

exercice 1 •

1. Tu viens avec moi ?
2. Allez, viens avec nous !
3. Donne ton manteau, Thomas. Toi aussi, Éric.
4. Rosa, tu fais visiter l'appartement à Thomas, s'il te plaît.
5. Allons au cinéma, il y a un film de Tarantino.

Vers le Delf A1

p. 72

– Je vais au marché. Qu'est-ce que je prends ? de la viande ? des légumes ? des fruits ?

– Alors… pas de viande, non. Du poisson et comme légumes, des tomates. Un kilo, ça suffit. Comme fruits… comme fruits, tu prends des bananes et des poires. Ah, un ananas aussi. C'est tout.

Leçon 14

p. 79

exercice 2 • Pendant les soldes, les prix baissent de 50 %. Les magasins ouvrent à 9 h. Aziza a 150 euros. Sarah a trouvé un pantalon à 39 euros, taille 40 et Aziza un stock de chaussures à 50 euros. Elle essaie des bottes à 100 euros. Sa pointure c'est du 37. Elle retrouve ses amies à 2 h.

À vous

p. 81

exercice 3 • Aujourd'hui, j'ai rendez-vous avec Yohan à 9 h moins le quart. Nous travaillons chez lui jusqu'à midi. À 1 h, je vais déjeuner avec Jacques. Il fait bien la cuisine et il a toujours du bon vin. Nous parlons beaucoup de politique et aussi de cinéma. Mais à 5 h, je vais chez le dentiste. Dans la soirée, je retrouve des amis au théâtre des Champs-Élysées. La représentation commence à 20 h 30.

exercice 4 •

LA SECRÉTAIRE : Bonjour madame Durand.

MME DURAND : Bonjour Charlotte. Qu'est-ce qu'il y a ?

LA SECRÉTAIRE : Il y a des changements de programme cette semaine.

MME DURAND : Quels changements ?

LA SECRÉTAIRE : Lundi, la réunion est à 10 heures et demie et mercredi, votre rendez-vous est à 14 heures.

MME DURAND : Vendredi, je vais à Marseille.

LA SECRÉTAIRE : Oui, mais attention, votre avion part à 8 heures et quart, et non à 7 heures et quart.

MME DURAND : Ah ! très bien. Je reviens à 21 h 30 ?

LA SECRÉTAIRE : Oui, pas de changement.

Leçon 16

p. 87

exercice 7 • il tournera, il gagnera, je changerai, je ferai, j'irai, nous retrouverons

Bilan-synthèse 4

p. 90

exercice 8 • 1. Pardon, monsieur… 2. Allez !… 3. Merci, merci, ça va.

Vers le Delf A1

p. 92

Alors, votre programme télé de ce soir. D'abord, sur TF1, ce sont les finalistes de Star Academy que nous retrouvons à 20 h 55, après le journal, suivi du magazine de Carole Rousseau. Ce soir : *C'est quoi, l'amour ?* Sur France 2, à 20h 55, *100 minutes pour comprendre*. Ce soir, *Le rêve américain*. À 22 h 45, *Double-Je* consacré ce soir à la Roumanie. France 3, soirée François Truffaut avec deux très beaux films : *Le Dernier Métro* à 20 h 55 et *Tirez sur le pianiste* à 23 h 15. Sur Arte, encore Truffaut, cette fois avec un film un peu moins connu, *La Chambre verte* à 20 h 40. À 22 h 15, *Permis de penser*. Ce soir : *Masculin/féminin*. Et enfin, sur M6, à 20 h 50, trois épisodes de la série *Alias* suivis, à 23 h 15 de *Soyons directs* avec Emmanuel Chain.

Leçon 20

p. 107

exercice 1 • tunisienne – belge – anglaise – malienne – marocaine – sénégalaise – vietnamienne – algérienne – suisse – canadienne

Vers le Delf A1/A2

p. 112

Bonjour. Il est 8 heures. Voici les prévisions météorologiques pour cette journée du 14 février. Bonnes fêtes pour les amoureux ! Alors… dans le Nord, le froid persiste. Il y a beaucoup de nuages et il y aura de la neige en fin de journée sur Lille. À Paris, il pleut. Du soleil dans le Sud-Ouest, à Bordeaux et à Toulouse mais les températures sont fraîches : 6° à Bordeaux et 7° à Toulouse. Quelques petits nuages sur la Bretagne mais pas de pluie. La température est clémente : 11° à Brest et 12° à Nantes.

On finit par la Côte d'Azur. Un ciel bleu, du soleil mais beaucoup de vent. Il ne fait pas chaud : 5° à Marseille et 8° à Nice.

Vers le Delf A1/A2

p. 132

– À Paris, on a passé une semaine très, très chargée, Valentine et moi. On est sortis presque tous les soirs. On a assisté à un concert des Têtes Raides, on a vu une très belle pièce de Tchekhov à la Comédie-Française… C'était vraiment très bien.

– Et tu oublies qu'on a dîné chez ta tante Adèle vendredi. Ça, c'était moins bien ! Nous avons fait un peu de tourisme aussi : nous nous sommes promenés dans le bois de Vincennes et nous nous sommes même montés tout en haut de la tour Eiffel. Pour Igor, c'était la première fois.

MINI-PORTFOLIO

Le Portfolio vous permet de faire le point sur vos relations avec les langues étrangères en général et de réfléchir à votre apprentissage du français en particulier.

MON PASSÉ D'APPRENANT

Ma langue maternelle est le ....

Quand j'étais enfant, à la maison, on parlait .... , ...

Quand j'étais enfant, dans mon quartier, dans mon école, les gens parlaient .... , ...

Ma première langue étrangère étudiée à l'école est ....

J'ai appris cette langue pendant ....

Je me débrouille ☐ assez bien ☐ bien ☐ très bien dans cette langue.

Je suis déjà allé dans le(s) pays où on parle cette langue ☐ non ☐ oui, une fois ☐ oui, plusieurs fois

Je connais aussi d'autres langues : .... , ... , ...

J'aimerais apprendre de nouvelles langues étrangères ☐ oui ☐ non

MES RELATIONS À LA LANGUE FRANÇAISE

Mes relations à la langue française

C'est moi qui ai décidé d'apprendre le français ☐ oui ☐ non

Pourquoi ? ....

Est-ce que j'aime cette langue ? ☐ oui, un peu ☐ oui, assez ☐ oui, beaucoup
☐ non, pas beaucoup ☐ non, pas du tout

Je la trouve difficile ou non ? ☐ oui, très difficile ☐ oui, assez difficile ☐ ça va, pas trop difficile

Je veux continuer ☐ oui ☐ oui, peut-être ☐ non

COMMENT J'APPRENDS

Je préfère travailler ☐ seul ☐ en tandem (à deux) ☐ en groupe
☐ un peu tous les jours ☐ une ou deux fois par semaine
☐ avec un ordinateur (un CD-Rom) ☐ avec des livres et des CD audio

J'ai une mémoire ☐ plutôt auditive ☐ plutôt visuelle ☐ les deux

En classe, ce que je préfère, ce que je n'aime pas… Par ordre de préférence (du plus aimé au moins aimé) :

• écouter (des phrases, un dialogue, une chanson…) ....

• le travail au labo (compréhension orale, phonétique) ....

• regarder des documents vidéos ....

• parler en classe, faire un petit exposé devant les autres ....

• les explications en grammaire ....

• faire des exercices de grammaire ....

• lire des petits textes en français ....

• écrire (exercices) ....

• la rédaction de textes libres ....

MES COMPÉTENCES COMMUNICATIVES

J'ai fini le niveau 1 de Festival. Qu'est-ce que je connais ? Qu'est-ce que je sais faire ?
C'est le moment de vérité !

A – en compréhension orale

Quand on parle français, je comprends…	un peu	assez bien	bien
• les formules de politesse	☐	☐	☐
• l'identité et le métier des gens qui parlent	☐	☐	☐
• les explications sur les lieux	☐	☐	☐
• les nombres	☐	☐	☐
• les propositions (les projets), les conseils	☐	☐	☐
• les invitations	☐	☐	☐
• les sentiments exprimés	☐	☐	☐
• l'intention de communication	☐	☐	☐

B – en expression orale

Quand moi, je parle… je peux :	un peu	assez bien	bien
• expliquer qui je suis, ce que je fais, où j'habite	☐	☐	☐
• interroger quelqu'un sur son identité	☐	☐	☐
• dire ce que j'aime, ce que je n'aime pas	☐	☐	☐
• décrire quelqu'un, expliquer qui il est	☐	☐	☐
• demander mon chemin, demander des précisions sur un lieu	☐	☐	☐
• acheter quelque chose, discuter des prix, compter	☐	☐	☐
• proposer quelque chose, inviter quelqu'un	☐	☐	☐
• comparer deux personnes, deux choses, deux situations	☐	☐	☐
• exprimer mes sentiments (surprise, joie, colère…)	☐	☐	☐
• expliquer mon parcours scolaire, universitaire, professionnel	☐	☐	☐
• raconter un événement			

C – en compréhension écrite

Je peux comprendre…	un peu	assez bien	bien
• un emploi du temps	☐	☐	☐
• un programme de télévision	☐	☐	☐
• un menu de restaurant	☐	☐	☐
• un plan (de ville, de quartier, d'appartement)	☐	☐	☐
• une règle du jeu facile	☐	☐	☐
• un bulletin météo	☐	☐	☐
• un curriculum vitae	☐	☐	☐
• le récit d'un événement	☐	☐	☐

D – en expression écrite

Quand j'écris, je peux…	un peu	assez bien	bien
• me présenter, expliquer qui je suis	☐	☐	☐
• demander quelque chose (une information, un service)	☐	☐	☐
• remercier	☐	☐	☐
• inviter quelqu'un	☐	☐	☐
• donner des informations sur mon pays	☐	☐	☐
• raconter quelque chose	☐	☐	☐
• exprimer mes sentiments	☐	☐	☐

MES CONNAISSANCES SUR LA FRANCE

Je peux…	un peu	assez bien	bien
• dire quelles sont les principales villes de France	☐	☐	☐
• parler du climat en France	☐	☐	☐
• dire combien il y a d'arrondissements à Paris	☐	☐	☐
• parler de la francophonie	☐	☐	☐
• dire quel est l'emploi du temps des Français	☐	☐	☐
• parler du calendrier et des fêtes en France	☐	☐	☐
• dire ce que les Français prennent au petit déjeuner	☐	☐	☐
• expliquer le système éducatif en France	☐	☐	☐
• donner le nom de deux journaux quotidiens	☐	☐	☐
• donner le nom de deux hebdomadaires	☐	☐	☐

MES CONTACTS AVEC LE FRANÇAIS EN DEHORS DE LA CLASSE

Depuis que j'ai commencé à apprendre le français…	un peu	assez bien	bien
• je me suis intéressé(e) à ce qui se passe en France (politique, faits divers, culture…)	☐	☐	☐
• j'ai parlé français avec des Français ou avec des étrangers qui ne parlaient pas ma langue	☐	☐	☐
• j'ai communiqué par e-mail en français	☐	☐	☐
• j'ai envoyé des cartes postales, des lettres en français	☐	☐	☐
• j'ai lu des journaux, des revues, des livres en français	☐	☐	☐
• j'ai vu des films en français VO ou sous-titrés en français	☐	☐	☐
• j'ai assisté à des événements culturels organisés par l'Institut français, les Alliances françaises, le Centre culturel français (expositions, conférences, spectacles…)	☐	☐	☐
• j'ai regardé TV 5/Arte ou d'autres chaînes françaises	☐	☐	☐
• j'ai écouté la radio (RFI par exemple)	☐	☐	☐
• j'ai écouté des chansons en français	☐	☐	☐
• je suis allé(e) sur internet pour chercher des informations en français	☐	☐	☐
• je suis allé(e) dans des librairies françaises	☐	☐	☐

LEXIQUE

Les mots sont suivis du numéro de la leçon où ils apparaissent pour la première fois.
Les verbes sont donnés avec la construction utilisée dans la leçon.

A
1. à 1
2. à côté de 24
3. à peu près 15
4. à pied 15
5. accent (un) 12
6. acheter qqch 7
7. addition (une) 10
8. adorer qqch/qqn 3
9. aéroport (un) 23
10. affaires (des) 24
11. aider qqn 12
12. aimable 19
13. aimer qqch/qqn 3
14. aller (à) 5
15. alors 5
16. améliorer (s') 17
17. ami(e) (un/une) 11
18. anglais(e) 2
19. angle (un) 8
20. année (une) 6
21. anniversaire (un) 7
22. appareil photo (un) 24
23. appartement (un) 12
24. appeler (tél.) 11
25. appeler (s') 1
26. applaudir 16
27. apporter qqch 13
28. approcher (s') 16
29. après 8
30. arbre (un) 21
31. argent (de l') 21
32. argentin(e) 11
33. arrêt (un) 15
34. arrêter (s') 15
35. arriver (à, de) 8
36. ascenseur (un) 12
37. asseoir (s') 24
38. attendre qqn/qqch 19
39. attention 15
40. attraper qqch 24
41. au bord de 21
42. au milieu de 12
43. aujourd'hui 5
44. aussi 1
45. australien(ne) 2
46. automne (un) 17
47. autre 8
48. avant 24
49. avec 5
50. avenir (un) 20
51. avion (un) 7
52. avis (un) 15
53. avocat (un) (légume) 9
54. avoir besoin de qqn/qqch 14
55. avoir envie de qqch 19
56. avoir qqch 4

B
57. bac (le) (baccalauréat) 19
58. ballon (un) 21
59. bateau (un) 21
60. bâtiment (un) 6
61. beau (belle) 4
62. beaucoup 3
63. bébé (un) 4
64. belge 1
65. bêtise (une) 21
66. bibliothèque (une) 5
67. bien 1
68. bientôt 7
69. billet (un) 7
70. bizarre 20
71. blanc (blanche) 10
72. bleu(e) 4
73. blond(e) 3
74. blouson (un) 24
75. boisson (une) 10
76. bon(ne) 8

77. bord (le) 21
78. bordeaux (du) (du vin) 13
79. bottes (des) 14
80. boulevard (un) 8
81. bouteille (une) 10
82. boutique (une) 14
83. brun(e) 3
84. bulletin météo (un) 17
85. bureau (un) (lieu) 18
86. bus (un) 7

C
87. c'est + adjectif 5
88. c'est + adverbe 8
89. c'est + le + chiffre 6
90. c'est + mot interrogatif 8, 9
91. c'est + nom 4
92. c'est + nom propre 1
93. c'est + nombre 9
94. ça 9
95. cabane (une) 21
96. cadeau (un) 13
97. café (un) (lieu) 15
98. café (la) # café (le) 10
99. cafétéria (une) 5
100. canadien(ne) 1
101. candidat(e) (un/une) 16
102. candidature (une) 22
103. capitale (une) (ville) 16
104. carafe (une) 10
105. carotte (une) 9
106. carte (une) 10
107. cartes (des) (jeu) 21
108. ce, cet, cette, ces 14
109. centime (un) 9
110. chambre (une) 12
111. chance (la) 16
112. changer 7
113. changer de 16
114. charmant(e) 23
115. chat (un) (une chatte) 4
116. chaud(e) 17
117. chaussures à talons (des) 14
118. chaussures plates (des) 14
119. chèque (un) 16
120. cher(chère) 9
121. chercher qqch 5
122. cheveux (des) 4
123. chez 7, 11
124. chic 14
125. chocolat (du) 10
126. ciel (le) 23
127. cinéma (un) 3
128. combien ? 9
129. comme + nom sans article 10
130. comme 19
131. commencer qqch 6
132. comment ? 2
133. commentaire (un) 15
134. commissariat (un) 24
135. complémentaire 22
136. compliqué(e) 20
137. confiture (de la) 21
138. connaître qqch 11
139. content(e) 16
140. continuer 8
141. contrôle (un) 15
142. copain (un)/copine (une) 11
143. côté (un) 8
144. couleur (une) 14
145. coup d'œil (un) 17
146. courir 19
147. cours (un) 6
148. cousin (un) 21
149. crèche (une) 4
150. crier 21
151. croire 16

152. cuisine (la) (la nourriture) 3
153. cuisine (la) (une pièce) 12
154. culture (la) 20
155. curriculum vitae (CV) (un) 22

D
156. d'abord 7
157. d'où ? 5
158. dame (une) 23
159. dans 6
160. danse (la) 3
161. danser 2
162. de, d' 5
163. découvrir qqch 15
164. décrire qqn 24
165. dedans 10
166. degré (°) (un) 17
167. dehors 10
168. déjà 12
169. déjeuner 5
170. demain 5
171. demander 15
172. demi 10
173. dépêcher (se) 18
174. dépenser qqch 14
175. déranger qqn 13
176. dernier, dernière 22
177. désirer qqch 10
178. désolé(e) 2
179. dessert (un) 10
180. détester qqch 7
181. devant 21
182. devenir 16
183. devoir 19
184. différent(e) 3
185. dîner 11
186. dîner (un) 19
187. direct(e) 7
188. directement 15
189. diversité (la) 20
190. dizaine (une) 23
191. donc 22
192. donner qqch 12
193. dos (le) 24
194. droit 8
195. droit(e) 8
196. durer 15

E
197. eau (de l') 10
198. élégant(e) 14
199. elle 3
200. en 7
201. en commun 13
202. encore 9, 16
203. enfance (une) 21
204. ensoleillé(e) 17
205. ensuite 7
206. entendre qqch 15
207. entre 18
208. entrée (une) 10
209. entreprise (une) 22
210. entrer 6
211. épeler qqch 6
212. épinards (des) 9
213. espagnol(e) 3
214. essayer qqch 14
215. est-ce que ? 7
216. et 1
217. étage (un) 6
218. être 1
219. être assis(e) 24
220. être en retard 14
221. être en train de + infinitif 18
222. études (des) 19
223. étudiant(e) (un/une) 1
224. étudier qqch 11
225. euro (un) 9
226. eux 13
227. évidemment 14

228. examen (un) 5
229. excellent(e) 9
230. expliquer 2
231. exposition (une) 5
232. extraordinaire 23

F
233. fac (une) (la faculté, l'université) 12
234. facile 15
235. façon (une) 15
236. faire 7, 14, 17, 21, 23
237. famille (une) 16
238. fatigant(e) 5
239. fatigué(e) 7
240. félicitations (des) 16
241. féliciter qqn 16
242. femme (une) 21
243. fête (une) 13
244. fidélité (la) 16
245. fin (de journée) (une) 17
246. finale (la) 16
247. finaliste (un/une) 16
248. fini(e) 16
249. finir 18
250. finlandais(e) 3
251. fleur (une) 11
252. formidable 16
253. fort 16
254. fou (folle) 19
255. frais (fraîche) (temps) 17
256. français(e) 1
257. francophone 20
258. froid(e) 17
259. fromage (du) 10
260. fruit (un) 10

G
261. gagnant(e) (un/une) 23
262. gagner 16
263. garder qqch 15
264. gare (une) 7
265. gâteau (un) 10
266. gauche 8
267. génial(e) 14
268. genoux (des) 24
269. gentil(le) 4
270. glace (une) 10
271. goût (un) 19
272. grand(e) 3
273. grands-parents (des) 12
274. gratuit(e) 5
275. grec(que) 4
276. gris(e) 14

H
277. habiter à 1
278. habitude (une) 20
279. heure (une) 6
280. hier 17
281. histoire (une) 20
282. hiver (un) 14
283. homme (un) 24
284. hôtel (un) 15

I
285. ici 3
286. idéal(e) 23
287. idée (une) 13
288. identité (une) 20
289. il 3
290. il faut + infinitif 17
291. il y a + nom pluriel 3
292. ils 4
293. important(e) 20
294. impression (une) 23
295. indépendant(e) 15
296. information (une) 17
297. informatique (l') 6
298. inscription (une) 6
299. inscrire (s') 19
300. installation (une) 13
301. installer (s') 13
302. intéresser qqn 22

The number of the lesson where they appear for the first time follows the words.
The verbs are given with the construction used in the lesson.

1 at 1
2 next to 24
3 around 15
4 on foot 15
5 accent (an) 12
6 to buy something 7
7 addition (an) 10
8 to adore something/ someone 3
9 airport (an) 23
10 belongings 24
11 to help someone 12
12 pleasant 19
13 to love something/someone 3
14 to go to 5
15 then 5
16 to improve 17
17 friend (a) 11
18 English 2
19 angle (an) 8
20 year (a) 6
21 birthday (a) 7
22 camera 24
23 apartment (an) 12
24 to phone 11
25 to be called 1
26 to applaud 16
27 to bring something 13
28 to go up to 16
29 afterwards 8
30 tree (a) 21
31 money (some) 21
32 Argentinian 11
33 stop (a) 15
34 to stop 15
35 to arrive (at, from) 8
36 lift (a) 12
37 to sit down 24
38 to wait for someone/ something 19
39 pay attention to 15
40 to catch something 24
41 on the edge of 21
42 among 12
43 today 5
44 also 1
45 Australian 2
46 autumn 17
47 other 8
48 before 24
49 with 5
50 future (a) 20
51 plane (a) 7
52 opinion (an) 15
53 avocado (an) (vegetable) 9
54 to need somebody/ something 14
55 to have an urge for something 19
56 to have something 4
57 baccalaureate (the) 19
58 ball (a) 21
59 boat (a) 21
60 building (a) 6
61 beautiful 4
62 a lot 3
63 baby (a) 4
64 Belgian 1
65 stupidity (a) 21
66 library (a) 5
67 good 1
68 soon 7
69 ticket (a) 7
70 odd 20
71 white 10
72 blue 4

73 blond 3
74 jacket (a) 24
75 drink (a) 10
76 good 8
77 waterside (the) 21
78 Bordeaux (wine) 13
79 boots 14
80 boulevard (a) 8
81 bottle (a) 10
82 shop (a) 14
83 brown 3
84 weather forecast (the) 17
85 office (an) 18
86 bus (a) 7
87 it is + adjective 5
88 it is + adverb 8
89 it is + the + the figure 6
90 it is + interrogative word 8, 9
91 it is + noun 4
92 it is + proper noun 1
93 it is + number 9
94 that 9
95 shed (a) 21
96 present (a) 13
97 café (a) (place) 15
98 coffee (a) coffee (the)
99 cafeteria (a) 5
100 Canadian 1
101 candidate (a) 16
102 candidacy (a) 22
103 capital (a) (city) 16
104 carafe (a) 10
105 carrot (a) 9
106 map (a) 10
107 cards (game) 21
108 this, this, this, these 14
109 cent (a) 9
110 room (a) 12
111 luck 16
112 to change 7
113 to change 16
114 charming 23
115 cat (a) (female cat) 4
116 hot 17
117 high heel shoes 14
118 shoes 14
119 cheque (a) 16
120 dear 9
121 to look for something 5
122 hair 4
123 at 7, 11
124 smart 14
125 chocolate 10
126 sky (the) 23
127 cinema (a) 3
128 how much ? 9
129 as + noun without article 10
130 as 19
131 to start something 6
132 what ? 2
133 comment (a) 15
134 police station (a) 24
135 complementary 22
136 complicated 20
137 jam 21
138 to know something 11
139 happy 16
140 to continue 8
141 control (a) 15
142 friend (a)/girlfriend (a) 11
143 side (a) 8
144 colour (a) 14
145 glance (a) 17
146 to run 19
147 class (a) 6
148 cousin (a) 1

149 day-nursery (a) 4
150 to shout 21
151 to believe 16
152 cooking (the) (the food) 3
153 kitchen (the) (a room) 12
154 culture (the) 20
155 curriculum vitae (CV) (a) 22
156 first 7
157 from where ? 5
158 lady (a) 23
159 in 6
160 dance 3
161 to dance 2
162 from 5
163 to discover something 15
164 to describe somebody 24
165 inside 10
166 degree (°) (a) 17
167 outside 10
168 already 12
169 lunch 5
170 tomorrow 5
171 to ask 15
172 half 10
173 to hurry up 18
174 to spend something 14
175 to disturb somebody 13
176 last 22
177 to want something 10
178 sorry 2
179 dessert (a) 10
180 to hate something 7
181 in front of 21
182 to become 16
183 duty 19
184 different 3
185 to dine 11
186 dinner (a) 19
187 direct 7
188 directly 15
189 diversity (the) 20
190 about ten 23
191 so 22
192 to give something 12
193 back (the) 24
194 right 8
195 straight 8
196 to last 15
197 water 10
198 elegant 14
199 she 3
200 in 7
201 in common 13
202 again 9, 16
203 childhood (a) 21
204 sunny 17
205 then 7
206 to hear something 15
207 between 18
208 entrance (an) 10
209 firm (a) 22
210 to enter 6
211 to spell something 6
212 spinach 9
213 Spanish 3
214 to try something 14
215 are you ? 7
216 and 1
217 floor (a) 6
218 to be 1
219 to be sitting down 24
220 to be late 14
221 to be doing + infinitive 18
222 studies 19
223 student (a/a) 1
224 to study something 11

225 Euro (one) 9
226 they 13
227 of course 14
228 exam (an) 5
229 excellent 9
230 to explain 22
231 exhibition (an) 5
232 extraordinary 23
233 faculty (a) (the faculty, the university) 12
234 easy 15
235 way (a) 15
236 to do 7, 14, 17, 21, 23
237 family (a) 16
238 tiring 5
239 tired 7
240 congratulations 16
241 to congratulate someone 16
242 woman (a) 21
243 party (a) 13
244 fidelity (the) 16
245 end (of day) (the) 17
246 final (the) 16
247 finalist (a) 16
248 finished 16
249 to finish 18
250 Finn 3
251 flower (a) 11
252 fantastic 16
253 strong 16
254 mad 19
255 cool (weather) 17
256 French 1
257 French-speaking 20
258 cold 17
259 cheese (some) 10
260 fruit (a) 10
261 winner (a/a) 23
262 to win 16
263 to keep something 15
264 station (a) 7
265 cake (a) 10
266 left 8
267 brilliant 14
268 knees 24
269 nice 4
270 ice-cream (an) 10
271 taste (a) 19
272 tall 3
273 grandparents 12
274 free 5
275 Greek 4
276 grey 14
277 to live at 1
278 habit (a) 20
279 hour (one) 6
280 yesterday 17
281 story (a) 20
282 winter (a) 14
283 man (a) 24
284 hotel (an) 15
285 here 3
286 ideal 23
287 idea (an) 13
288 identity (an) 20
289 he 3
290 it is necessary to + infinitive 17
291 there is + plural noun 3
292 they 4
293 important 20
294 impression (an) 23
295 independent 15
296 information (an) 17
297 information technology (the) 6
298 registration (a) 6
299 to register 19

300 installation (an) 13
301 to set in 13
302 to interest somebody 22
303 Italian 3
304 itinerary (an) 15
305 never 23
306 Japanese 3
307 I 1
308 game (a) 16
309 young 8
310 pretty 11
311 to play something 21
312 day (a) 6
313 journalist (a/a) 4
314 as far as (+ place) 7
315 until (+ time) 17
316 only (=only) 18, 24
317 kilo (gram) (a) 9
318 the, the, the 11
319 here 4
320 there 19
321 lab (oratory) (a) 5
322 language (a) 20
323 the 14
324 their 13
325 their 13
326 free 22
327 line (a) 7
328 to read 24
329 literature (the) 11
330 book (a) 11
331 far 8
332 long (time) 7
333 he 4
334 me, me 1
335 mine 11
336 store (a) 14
337 now 12
338 but 7
339 to master something 22
340 bad # good 20
341 to eat something 10
342 manner (a) 20
343 coat (a) 12
344 market (a) 9
345 to walk 8
346 to work 15
347 Moroccan 3
348 brown 14
349 master (a) 22
350 mathematics 5
351 morning (the) 18
352 bad weather
       (# nice weather) 17
353 better 17
354 melon (a) 9
355 menu (a) 10
356 sea (the) 21
357 mother (a) 12
358 underground (the) 7
359 better 17
360 slender 11
361 minute (a) 10
362 modern 3
363 me 1
364 less 14
365 currency (the) 9
366 to go up (to go back up) 15
367 to show something 12
368 monument (a) 15
369 Muscadet (white wine) 10
370 museum (a) 15
371 musician (a/a) 2
372 to swim 23
373 to be born 22
374 nationality (a) 12
375 naturally 22
376 to... only 21
377 to... nothing 16
378 not... to 8
379 black 4
380 name (a) 11
381 no 1
382 our, our 12
383 us 6

384 new 4
385 night (the) 18
386 number (a) 11
387 to obtain something 22
388 oenology (the) 20
389 official 20
390 to offer something
       to somebody 13
391 we 10
392 uncle (an) 23
393 opera (an) 3
394 storm (a) 17
395 or
396 where ? 5
397 yes 1
398 tool (a) 22
399 open 6
400 to open 11
401 pair (a) 14
402 palace (a) 21
403 trousers (a pair of) 14
404 by 8
405 for example 20
406 paradise (the) 23
407 umbrella (an) 17
408 sun umbrella (a) 17
409 park (a) 15
410 because 20
411 perfect 12
412 to speak 2
413 part (a) 20
414 to leave 7
415 to go through 15
416 to put somebody through
       on the phone 18
417 to happen 24
418 pâté 10
419 patience 17
420 poor 20
421 to pay 10
422 country (a) 20
423 during 15
424 to loose something 15
425 lost 8
426 father (a) 12
427 nobody 19
428 person (a) 3
429 small 3
430 not much (# a lot) 17
431 perhaps 18
432 photo (graph) (a) 5
433 room (a) 12
434 play (theatre) (a) 19
435 battery 14
436 square (the) (place) 8
437 seat (a) 20
438 beach (a) 21
439 plan (a) 8
440 dish of the day (the) 10
441 to cry 24
442 to rain 17
443 rain (the) 17
444 more 14
445 several 22
446 size (a) 14
447 pear (a) 9
448 fish 10
449 police (the) 24
450 apple (an) 9
451 bridge (a) 8
452 mobile (phone) (a) 11
453 door (a) 24
454 to lodge a complaint 24
455 to ask (a question) 16
456 possible 16
457 job (a) 22
458 for + common noun 5
459 for + pronoun 1
460 why 19
461 to be able to (+ infinitive) 8
462 favourite 15
463 to prefer 7
464 first (first) 6
465 to take (the underground,
       the bus...) 7

466 to take (the street,
       the bridge...) 8
467 to take (to buy) 9
468 to take (+ food) 10
469 near 10
470 ready 12
471 main 15
472 privileged 20
473 next 15
474 teacher (a/a) 1
475 to take advantage
       of something 19
476 walk (a) 15
477 to go for a walk 15
478 then 19
479 what are you ? 7
480 bank (a) 8
481 when 24
482 quarter (a) 14
483 that 20
484 what 6
485 someone 11
486 something 11
487 some 22
488 who 16
489 who ? 11
490 to leave 18
491 what ! 5
492 what ? 13
493 roots 20
494 radio (the) 4
495 grapes 9
496 quick 16
497 to call back (on the phone) 13
498 to remember 16
499 to get closer to someone 20
500 delighted 16
501 achieved 23
502 to find fulfilment 23
503 to look at something 14
504 the rule (of the game) 16
505 to meet someone 19
506 to go home 18
507 to have some more
       of something 22
508 rapid-transit rail system in
       the Paris region RER (the) 7
509 return (a) 16
510 to meet at 14
511 to find somebody again 16
512 dream (a) 16
513 to wake up 21
514 to come back 7
515 to see again someone 23
516 rich 20
517 wealth (a source of) 20
518 nothing 16
519 laughter (the) 21
520 bank (a) 8
521 wheel (a) 16
522 red 14
523 street 8
524 her, his 11
525 bag (a) 24
526 season (a) 17
527 salad (a) 9
528 fruit salad (some) 10
529 tomato salad (a) 10
530 room (a) 6
531 bathroom (a) 12
532 health (the) 8
533 salami (some) 10
534 except 17
535 to jump out from 24
536 to know something 4
537 a reception room (a)
       (a room) 12
538 stay (a moment) 23
539 to feel 12
540 service (the) 10
541 alone 3
542 only 10
543 yes 8
544 if (hypothesis) 16
545 sister (a) 11

546 evening (the) 7
547 sales (the) 14
548 sun (the) 17
549 to go out 19
550 memory (a) 21
551 to remember 21
552 sport (the) 3
553 course (a) 22
554 studio flat (a) 13
555 success (the) 16
556 to lick something 21
557 Swiss 2
558 superb 9
559 on 8
560 surprise (a) 11
561 above all 20
562 suspense (a) 16
563 nice 11
564 your, your 11
565 size (a) 14
566 aunt (an) 23
567 late (# early) 18, 21
568 slice of bread (a) 21
569 taxi (a) 7
570 you 13
571 temperature (the) 17
572 weather (the) 17
573 at a table outside a café 15
574 head (a) 24
575 theatre (the) 3
576 ticket (a) 15
577 you 4
578 tomato (a) 9
579 always 8
580 tourist (a/a) 15
581 to turn 8
582 to turn something 16
583 all 20
584 everything 4
585 right now 22
586 straight ahead 8
587 everybody
       (+ verb in the singular) 18
588 all the time 15
589 train (a) 7
590 at ease 19
591 to transform something 21
592 to work 4
593 to cross 8
594 very/too much 20
595 very 1
596 sad 20
597 is on 8
598 to think that 14
599 you 4
600 university (a) 19
601 holidays 16
602 bike (the) 7
603 to come 5
604 wind (the) 17
605 wine glass (a) 13
606 about (+ time) 13
607 life (the) 16
608 wine (some) 10
609 quickly 18
610 to live 12
611 here 17
612 there 8
613 to see something 15
614 neighbour (a) 4
615 car (a) 16
616 theft (a) 24
617 to steal something 24
618 thief (a) 24
619 your, your 12
620 to want something 9
621 you 1
622 trip (a) 23
623 to travel 22
624 true 17
625 really 15
626 view (a) 23
627 week-end (the) 17
628 there (we go) 11
629 eyes 4

1 に1	78 ボルドーワイン13	155 履歴書221	232 すご23
2 の隣に24	79 長靴14	156 まず7	233 大学12
3 だいたい15	80 大通り8	157 どこから5	234 簡単15
4 歩いて15	81 瓶10	158 婦人23	235 方法15
5 アクセント12	82 店，ブティック12	159 に6	236 する(To do)7、14、17、
6 買う7	83 褐色の3	160 踊り3	237 家族16
7 勘定10	84 天気予報17	161 踊る2	238 疲れる5
8 大好き3	85 事務所18	162 の5	239 疲れている7
9 飛行場23	86 バス7	163 発見15	240 祝い16
10 荷物24	87 です5	164 描写する24	241 お祝いを言う16
11 助ける12	88 です8	165 なか10	242 女性21
12 親切19	89 です6	166 度17	243 パーテイー13
13 好き3	90 ですか8，9，	167 外10	244 たびたび。。。する16
14 行く5	91 です4	168 既に12	245 夕方17
15 そうだったら5	92 です1	169 昼食をとる5	246 決勝戦16
16 よくなる17	93 です9	170 明日5	247 決勝戦に残る人16
17 友達11	94 これ，それ，あれ9	171 尋ねる15	248 終わり16
18 英国人2	95 小屋21	172 半10	249 終わる18
19 角8	96 贈物13	173 急ぐ18	250 フィンランド人3
20 一年6	97 カフェ15	174 （金を）使う14	251 花11
21 誕生日7	98 コーヒー10	175 邪魔する13	252 すごい16
22 写真機24	99 カフェテリア5	176 去年22	253 強い16
23 アパルトマン12	100 カナダ人1	177 何。。。。よろしい10	254 気違い19
24 電話をかける	101 候補者，受験者16	178 すみません2	255 涼しい17
25 名前は。。。です1	102 志願22	179 デザート10	256 フランス人1
26 拍手する16	103 首都16	180 嫌う7	257 フランス語を話す人
27 買って上げる13	104 水差し10	181 前21	258 寒い17
28 近付く	105 人参9	182 になる16	259 チーズ10
29 あと8	106 メニュー10	183 。。。なければならない19	260 果物10
30 木21	107 トランプ21	184 違う3	261 勝者23
31 お金21	108 この，その，あの14	185 夕食をとる11	262 勝つ16
32 アルゼンチン人	109 一セント9	186 夕食19	263 大事にする15
33 バス停15	110 寝室12	187 直接，一本7	264 駅7
34 とめて。。。おりて15	111 運16	188 直接15	265 菓子，ケーキ10
35 着く8	112 乗り換える7	189 相違20	266 左8
36 エレベーター12	113 変える16	190 十ぐらい23	267 すごい15
37 座る24	114 感じがいい23	191 従って22	268 膝24
38 待つ19	115 猫4	192 上げる12	269 親切，感じいい4
39 気をつけて下さい15	116 暑い17	193 後ろ姿，背中24	270 アイスクリーム10
40 掴む24	117 ハイヒール14	194 真っ直ぐ8	271 このみ19
41 の辺りに21	118 普通の靴14	195 右8	272 背が高い3
42 との間12	119 小切手16	196 。。。の時間の。。。。15	273 祖父母12
43 今日は5	120 高い9	197 水10	274 無料5
44 も1	121 さがす5	198 おしゃれ14	275 ギリシャ人4
45 オーストラリア人2	122 髪の毛4	199 彼女3	276 灰色14
46 秋17	123 の家7、11	200 で7	277 住む20
47 向こう側8	124 しゃれている14	201 共同の13	278 習慣20
48 の前24	125 チョコレート10	202 もっと9，16	279 時（時間）6
49 一緒に5	126 空23	203 子供の時代21	280 昨日17
50 将来20	127 映画館3	204 晴れ17	281 歴史20
51 飛行機7	128 いくら？9	205 それから7	282 冬14
52 意見15	129 (名詞)に（する）10	206 聞こえる15	283 男の人24
53 アボカド9	130 のように19	207 の間18	284 ホテル15
54 必要14	131 始める6	208 前菜10	285 ここ3
55 欲しい19	132 お名前はなんですか？2	209 企業22	286 理想的23
56 To have4	133 解説15	210 入る6	287 アイデア13
57 バカロレア19	134 警察署24	211 つづりを言う6	288 身元20
58 ボール21	135 補足22	212 ほうれん草9	289 彼3
59 船21	136 複雑20	213 スペイン人3	290 。。。。なければならない17
60 建物60	137 ジャム21	214 ためす14	291 います、あります3
61 綺麗4	138 知る11	215 か？7	292 彼ら4
62 沢山3	139 嬉しい16	216 。。。は？	293 重要20
63 赤ん坊4	140 続ける8	217 階6	294 印象23
64 ベルギー人1	141 検査15	218 To be.1	295 独立、自由15
65 いたずら21	142 友達11	219 座っている	296 情報17
66 図書館5	143 側8	220 遅刻する14	297 情報理論6
67 元気1	144 色14	221 。。。している最中18	298 登録6
68 間もなく，近いうちに7	145 ざっと目を通す17	222 勉強19	299 登録する19
69 切符7	146 走る8	223 学生1	300 取り付け13
70 不思議な20	147 授業6	224 勉強する11	301 身を落ち着ける13
71 白い10	148 いとこ21	225 ユーロ9	302 関心22
72 青い4	149 託児所4	226 彼ら13	303 イタリア人3
73 金髪2	150 叫ぶ21	227 勿論14	304 コース15
74 ジャンパー24	151 信じる16	228 試験5	305 ぜったいない23
75 飲み物10	152 料理3	229 大変うまい9	306 日本人3
76 よい8	153 台所12	230 説明する22	307 私1
77 岸21	154 文化20	231 展示会，個展5	308 ゲーム16

يتبع الكلمات رقم الدرس الذي ظهرت فيه الكلمة لأول مرة.
تأتي الأفعال وفقاً للتركيب الذي وردت به في الدرس.

词汇

单词后所标的号码指该词第一次出现的课号。动词都标明在该课里所用的结构。

N° d'éditeur : 10141627 - Avril 2007
Imprimé en France par I.M.E. - 25110 Baume-les-Dames